Talk 脱口说汉语
Chinese
Series

主编／李淑娟
英文改稿／Andy Tan

IT口语

IT Talk

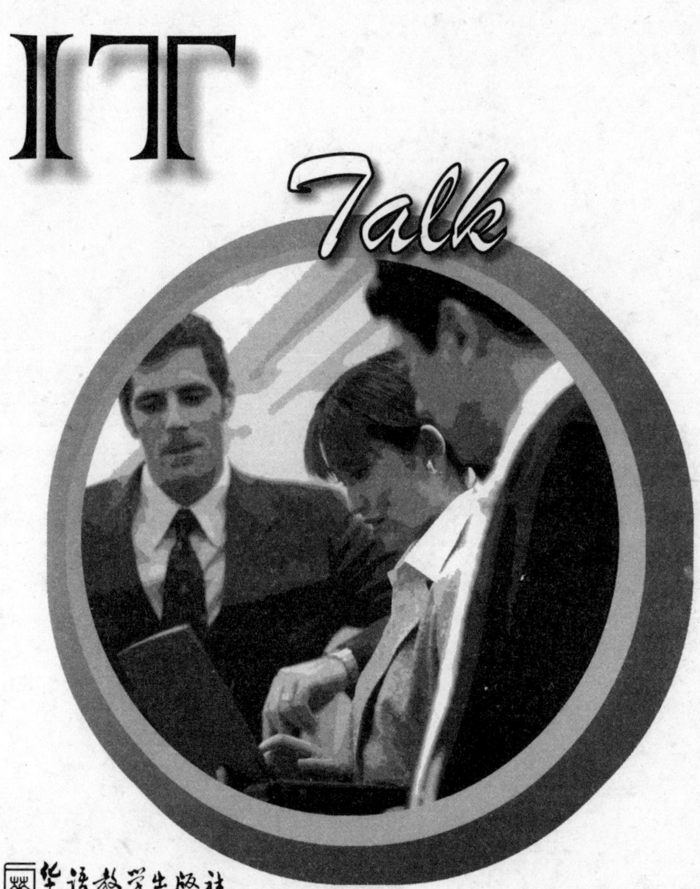

华语教学出版社
SINOLINGUA

First Edition 2006

ISBN 7-80200-225-7

Published by Sinolingua
24 Baiwanzhuang Road, Beijing 100037, China
Tel: (86)10-68995871
Fax: (86)10-68326333
E-mail: fxb@sinolingua.com.cn
Printed by Beijing Foreign Languages Printing House
Distributed by China International
Book Trading Corporation
35 Chegongzhuang Xilu, P. O. Box 399
Beijing 100044, China

Printed in the People's Republic of China

Preface

After months of arduous writing, this spoken Chinese learning series *Talk Chinese*, a crystallization of many teachers' hard work, has finally hit the road. As Chinese keeps warming up in today's world, the publication of such a series will no doubt arouse another heat in learning Chinese. Along with the rapid development of the Chinese economy, more and more people have realized the importance and necessity of the Chinese language in communications between people, which not only reflect in economy and trade, but mainly in our daily lives, work and study. Today, China has caught the eyes of the world. The number of people who invest, work, travel and study in China is constantly increasing. Therefore, to learn Chinese, especially colloquial Chinese well, has naturally become an urgent need for these people. In view of no such complete series of teaching spoken Chinese in the market at present, and to meet the demands of the market in learning Chinese, especially spoken Chinese, we have spent a lot of energy on planning and compiling this series to meet the needs of readers.

Talk Chinese is the first series on practical colloquial Chinese compiled and developed based on the theory of "Practical Communicative Functions". It covers ten themes on social communication, life, travel, sports, leisure, shopping, emergency, campus, office, and IT and network. By imitating real life scenes of various situations, authentic, lively and practical oral expressions are revealed to allow learners to experience the charm of the Chinese language through lively, interesting and humorous situational conversations, and learn the most commonly used colloquial words, phrases, slangs, customary usages, everyday expressions and sentences. In another word, this is a very useful and practical encyclopedia on speaking Chinese. As long as one masters the contents of this series, one can respond fluently with the knowledge and oral expressions learned in whatever situations.

The characteristic of this series lies in its authentic, practical language expression, stresses on colloquialism, liveliness, and modernization of language. It selects high frequency words and the most vivid and authentic oral expressions used in daily life, work and study. One of my American friends who can speak perfect Chinese said to me after reading this series, "Very good. I think some expressions in the books are really typical, which I can't learn from other places." This shows that this series has made a breakthrough in Chinese learning materials, and achieved our original intention——that is to introduce the most typical, practical colloquial expressions to our friends who love Chinese, and allow them to use these expressions as soon as they learn them.

Besides, we've also included a "related expressions" by listing more expressions and words related to the themes in order to make it convenient for learners to expand their language competency and enlarge their vocabularies.

In addition, to better help learners to know Chinese and the Chinese culture, we've set up a column of "Language and Cultural Tips" with the intention to introduce some common usage and grammatical knowledge, common mistakes and point out words and expressions that are easily confused, as well as tips on cultural background of the language. Our goal is not only to help learners learn Chinese expressions, but also get to know the cultural connotations and language knowledge.

We know that learning and practicing is linked together. One can't reach the goal of learning without practicing, so at the back of each unit we've put together some exercises, emphasizing on listening and speaking to assist learners in mastering what they have learned through practice.

I think everyone has his/her own ways of learning. As the saying goes, "Every major road leads to Rome." We believe that as long as one tries hard, one can learn Chinese well no matter which ways and methods they adopt. We sincerely hope this series will be of some help in raising your real ability of speaking in Chinese.

We often say "Reading enriches the mind" to encourage people to read widely. Today, we use this phrase to invite you walk into this series, where you will discover there are so many interesting words and sentences you have yet to learn. What are you waiting for? Come on, let's get started!

Chief compiler: Li Shujuan

前　言

在经过了数月艰苦的笔耕之后，这套凝聚着众多老师心血的《脱口说汉语》大型汉语口语系列图书终于与大家见面了。在汉语不断升温的今天，这套系列图书的出版无疑将掀起汉语学习的又一个热潮。随着中国经济的迅猛发展，越来越多的人意识到汉语在人与人之间的交流与沟通上的重要性和必要性，这不仅仅体现在经贸方面，更主要的是体现在每日生活、工作和学习上。今天的中国已经成为世人注目的焦点，来华投资、工作、旅游、学习的人在不断扩大。学好汉语，特别是口语，自然成为这个群体的迫切要求，鉴于目前市场上尚无如此全面的学习汉语口语的系列图书，为了满足人们学习汉语，特别是汉语口语的需求，我们精心策划并编写了这套系列图书，以飨读者。

《脱口说汉语》是国内第一套以“实用交际功能”为理念开发编写而成的汉语口语实用系列，内容涵盖社交、生活、旅游、运动、休闲、购物、应急、校园、职场、IT 网络十大主题。通过模拟发生在真实生活中各种各样的场景，再现地道、鲜活、实用的口语表达形式，让学习者从一个个生动、有趣、幽默的情景对话中体味汉语的魅力，学习掌握最常见、最口语化的词汇、短语、俚语、惯用语、常用语和常用句。可以说，这是一套实用性极强的口语小百科。只要掌握了这套系列的内容，无论面对什么场合，都能运用所学的知识和口语对答如流。

这套系列图书的特点在于语言表达地道、实用，突出语言的口语化、生活化和时代化。书中所收录的都是生活、工作和学习中所使用的高频词和最生动、活泼、地道的口语。我的一个中文讲得非常好的美国朋友在看过我这套系列图书之后说："很好，我觉得里面的一些说法特别地道，在别的地方学不到。"它表明这套系列图书，在汉语学习教材的编写上还是具有一定突破性的，也达到了我们编写的初衷，那就是要将汉语最精彩、实用的口语介绍给热爱汉语的朋友。让他们学了就能用，而且是活学活用。

此外，我们还另设有一个"相关用语"，把更多与主题相关的词句列出，目的是方便学习者拓展语言能力，扩大词汇量。

另外，为了更好地帮助学习者了解汉语和中国文化，我们特别开辟了一个"语言文化小贴士"栏目，向学习者介绍一些语言的使用和文法知识、词语在使用中常见的错误和易混的地方，以及语言的文化背景小提示，让学习者不仅学会汉语的表达，也了解其背后的文化内涵和语言知识。

我们知道，学与练是密不可分的，学而不练则达不到学的目的，所以在每个单元之后都有几个小练习，重点放在听说上，让学习者通过练习掌握所学知识。

我想每个人都有各自的学习方法，俗话说，"条条大路通罗马。"我们相信，只要努力，无论采取什么形式，都能学好汉语。我们衷心地希望这套系列图书能对学习者提高汉语口语的实际表达能力有所裨益。

我们常用"开卷有益"来鼓励人们去博览群书。今天我们用"开卷有益"邀你走进这套系列图书，你会发现这里有太多有趣的词语和句子是你从没有学到过的。还等什么？赶快行动吧！

主编：李淑娟

目　录

Introduction

Part 1 Learn Pinyin My Way

Chinese *Pinyin* is not difficult to learn. It mainly includes three parts: initials, finals and tones. In this chapter you'll be introduced to some basic knowledge of *Pinyin*, how to pronounce them, the differences between *Pinyin* and the English phonetics, and ways to remember them, so that you can read *Pinyin* easily and pronounce them in the later parts of the book. This will help you to study Chinese along with the audios by yourself.

1. Initials

There are 23 initials in Chinese *Pinyin*. Many of them have similar sounds to the English consonants. Please look at Table 1 and compare them with the English version.

Table 1 Chinese initials

Chinese letter	Sound	English word
b	p	as "b" in "book"
p	p‘	as "p" in "poor"
m	m	as "m" in "more"
f	f	as "f" in "four"

d	t	as "d" in "dog"
t	tʻ	as "t" in "text"
n	n	as "n" in "net"
l	l	as "l" in "learn"
g	k	as "g" in "green"
k	kʻ	as "k" in "kit"
h	x	as "h" in "her"
j	tɕ	as "j" in "jeep"
q	tɕʻ	as "ch" in "cheese"
x	ɕ	as "sh" in "shit"
z	ts	as"ds" in "sounds"
c	tsʻ	as"ts" in "lots"
s	s	as "s" in "sum"
zh	tʂ	as "j" in "journey"
ch	tʂʻ	as "ch" in "church"
sh	ʂ	as "sh" in "shirt"
r	ʐ	as "r"in "red"
w	w	as"w" in "woman"
y	j	as "y" in "you"

2. Finals

There are 35 finals in Chinese *Pinyin*. To be more specific, there are six single finals and 29 compound finals. The six single finals are: ɑ, o, e, i, u, and ü. Under each final there are several compound finals. The key to remember them, is to remember the six single finals first, then remember the compound finals of each final as a group. There is a rule in doing it. Look at Table 2 and compare them with the English version.

Table 2 Chinese Finals

Chinese letter	Sound	English word
a	A	as "ar" in "car"
ai	ai	I
an	ɑn	as "an" in "ant"
ang	ɑŋ	as "ong" in "long"
ao	ɑu	as "ou" in "out"
o	o	as "a" in "water"
ou	ou	oh
ong	uŋ	as "one" in "gone"
e	ɤ	as "ir" in "bird"
ei	ei	as "ay" in "may"
en	ən	as "en" in "end"
eng	əŋ	as"eng"in "beng"
er	ər	as "er" in "traveler"
i	i	as "ea" in "tea"
ia	iA	yah
iao	iɑu	as "yo" in "yoga"
ie	ie	as "ye" in "yes"
in	in	as "in" in "inside"
iu	iou	you
ian	iɛn	Ian
iang	iɑŋ	young
ing	iəŋ	as "ing" in "going"
iong	yuŋ	as "one" in "alone"
u	u	woo
ua	uA	as "wa" in "watt"
ui	uei	as "wee" in "sweet"
un	uən	won

uo	uo	as “wha” in “what”
uɑi	uai	why
uɑn	uan	when
uɑng	uɑŋ	as “wan” in “want”
ü	y	
üe	ye	
ün	yn	
üɑn	yɛn	

3. Tones

The Chinese Mandarin has four tones—the first tone“ˉ”, the second tone“ˊ”, the third tone“ˇ”, and the fourth tone“ˋ”. Different tones express different meanings. So it is important to master all four tones in order not to mislead others when you're speaking.

How does one practice the four tones is a common question. Here is one way to do it: Do you know how to sing songs? Yes, use that to help you. For example: ā, á, ǎ, à, the first tone“ā”is a high tone, so you should sing it high pitched as if you're saying the word “Hi”; the second tone goes from low to high as if you're saying the word “what?”; the third tone is like a valley, you can sing it as if saying the word “whoa”; and the fourth tone goes from high to low as if you're saying the word “Go!” Isn't it easy? Now let's practice the four tones.

ā	á	ǎ	à
ō	ó	ǒ	ò
ē	é	ě	è
ī	í	ǐ	ì
ū	ú	ǔ	ù
ǖ	ǘ	ǚ	ǜ

mā	má	mǎ	mà
妈	麻	马	骂
mother	hemp	horse	curse
wō	wó	wǒ	wò
窝		我	卧
nest		I	lie
gē	gé	gě	gè
哥	革	舸	个
brother	leather	barge	one unit of something (a measure word)
xī	xí	xǐ	xì
西	习	洗	细
west	study	wash	thin
hū	hú	hǔ	hù
呼	壶	虎	户
call	pot	tiger	household
jū	jú	jǔ	jù
居	局	举	句
reside	game	raise	sentence

Part 2 Learn Grammar My Way

As soon as the word grammar is mentioned, one may frown and sigh helplessly at the hardship of learning Chinese. As a matter of fact, learning Chinese grammar is not as difficult as learning the grammar of other languages. The most difficult thing to learn

might be the characters or remembering the strokes and how to write them. Chinese grammar is much easier. In this chapter, you'll be introduced to some basic rules or structures of the Chinese grammar, so that you can learn them by heart as you continue on to the later part of the book. As we did in the previous chapter, let's compare the Chinese grammar with the English grammar or that of other languages if necessary, so that you can get a clearer picture of the Chinese grammar.

After comparing the English grammar with the Chinese, do you find it easier to learn? Those are the basic rules of Chinese grammar. You'll learn more complex sentences after mastering these simple ones. Actually, the English and Chinese grammars have a lot in common. So look out for them as you study. Hope you'll enjoy learning Chinese with the help of this book.

汉语语法简介

A Sketch of Chinese Grammar

名称 Term	汉语 Chinese	英语 English	对比说明 Explanation
动词谓语句 Sentences with verb as the predicate	我学习汉语。 我明天上午去你家。 他们在门口等你。 老师坐飞机来北京。	I study Chinese. I'll go to your home tomorrow. They are waiting for you at the gate. The teacher comes to Beijing by plane.	跟英语句式基本相同，但时间、地点、方式都放在动词前边。 Its sentence structure is similar to the English, but the word of time, place and manner is put before the verb.
形容词谓语句 Sentences with adjective as the predicate	哥哥很忙。 我妈妈身体很好。	My brother is very busy. My mother's health is very good.	汉语主语跟形容词谓语之间不用"是"动词。 In Chinese no verb "be" is used between the subject and adjective predicate.
名词谓语句 Sentences with noun as the predicate	今天星期六。 一年十二个月。 明天 20 号。 他 30 岁。 我新来的。	Today is Saturday. There are twelve months in a year. Tomorrow is the 20th. He is thirty years old. I'm new here.	主语和谓语之间，可以用"是"也可以不用。但是用了"是"就不是名词谓语句了。 Verb "be" can either be used or not between the subject and the predicate. But if verb "be" is used, it is no longer an adjective predicate sentence.

续表

名　称 Term	汉　语 Chinese	英　语 English	对比说明 Explanation
存现句 "There be"sentences	桌子上放着词典和书。 屋子里有人。 车上下来一个小孩儿。 墙上挂着一张画儿。	There are dictionaries and books on the table. There is someone in the room. There is a child getting off the bus. There is a picture on the wall.	"地方"可以作主语。这里的动词是"存在"的意思。 "place" can be used as a subject. The verb here means "existence".
"把"字句 Sentences with "ba"	我把钥匙丢了。 他把钱花光了。 你把钱给他。 你把行李拿下来吧。 她把这些东西搬出去了。 孩子们把椅子搬到教室外边去了。	I lost my key. He spent all his money. Give your money to him. Please take down the luggage. She moved these things out. Children moved chairs outside the classroom.	1. 谓语动词一般是及物动词。 2. 宾语多是名词。 3. 宾语是说话双方都知道的。 4. 谓语动词不能单独出现，后边必须跟"了""宾语"或者"补语"等。 5. 主要用来回答"宾语"怎么样了。 1. The predicate verb is usually a transitive verb. 2. The object is usually a noun. 3. The object is known by both sides of speakers. 4. The predicate verb cannot be used alone -it must be followed by "le", "object" or "complement"and so on. 5. It is mainly used to answer what happens to the object.

续表

名 称 Term	汉 语 Chinese	英 语 English	对比说明 Explanation
被动句 Passive sentences	我被老师批评了一顿。 姐姐被气哭了。 自行车叫弟弟骑坏了。 楼盖好了。 菜买回来了。 作业我写完了。	I was criticized by the teacher. My sister got so upset that she cried. The bicycle was broken by my younger brother. The building was completed. The vegetables were bought. My homework is done.	汉语的被动句可以分为两类：一类是有标志“被”“叫”“让”的，放在动词前边。另一类是无标志的，我们叫意念上的被动句。受事者放在主语位置上，谓语放在它的后边，结构跟主谓谓语句一样，但表示的是被动的意思。 The passive sentences in Mandarin can be divided into two categories: One is signaled with “bei”, “jiao”, and “rang” put before the verb. The other is not signaled, which we call an imaginative passive sentence. The receiver is put in the subject position, followed by the predicate. The structure is the same to the subject + predicate sentence, but it indicates a passive meaning.
“是……的”句 “shi…de” sentences	我是昨天坐飞机来北京的。 我是在商店买的这件衣服。 他是出差来的。	I came to Beijing by plane yesterday. I bought this coat in a store. He came here on business.	“是……的”句表示强调，强调“时间”“方式”“地点”“目的”等。 The “shi…de” sentence indicates emphasis, stressing on the “time”, “manner”, “place”, “purpose” etc.

续表

名　称 Term	汉　语 Chinese	英　语 English	对比说明 Explanation
无主句 Sentences without a subject	下雨了。 刮风了。 上课了。	It's raining. Wind is blowing. It's time for class.	主语不需要出现时，可以不说出主语。 When a subject is not necessary, it is not used.
比较句 Comparative sentences	我跟你一样大。 哥哥比弟弟大两岁。 这双鞋比我的大一点儿。 他的口语比我的好得多。 妹妹比姐姐还(更)漂亮。 我儿子有桌子这么高。	I'm as old as you are. The elder brother is two years older than the younger one. These shoes are a little bigger than mine. His oral English is much better than mine. The younger sister is prettier than the elder one. My son is as tall as the table.	A 跟 B 一样＋形容词 A 比 B＋形容词＋补充说明 只可以说"A 比 B 更(还)＋形容词" A 有 B＋形容词 A "gen" B "yiyang" (same)＋ adj. A "bi" B ＋ adj. ＋ additional explanation. A "bi" B "geng/hai" (more) ＋ adj. A "you" (have) B ＋ adj.

续表

名 称 Term	汉 语 Chinese	英 语 English	对比说明 Explanation
反问句 Rhetorical questions	这不是你的笔吗?	Isn't this your pen?	“不是……吗?”用来对某事进行强调,意思是“这就是你的笔”。汉语的反问句中肯定句强调否定,否定句强调肯定。反问句的种类还有很多。 “bu shi…ma?” is used to stress sth. meaning “this IS your pen.” In Chinese the positive sentence in a rhetorical question stresses on negative, while a negative sentence stresses on positive. There are other types of rhetorical questions.
名词的数 Number of noun	一张桌子　三张桌子 一把椅子　六把椅子 一个学生　一百个学生	a table, three tables a chair, six chairs a student, a hundred students	汉语的名词没有单数、复数的变化。 In Chinese, the noun has no changes to singular and plural numbers.

续表

名称 Term	汉语 Chinese	英语 English	对比说明 Explanation
方位词 Direction and location words	东、南、西、 北、上、下、 前、后、左、 右、里、 外、内、中间、 旁…… 以东、以上、 以内、以外、 之前、之中、 之间、之内、 东边、左边、旁边、 上边、东面、 外面、下面、右面、东头、 里头、上头、前头等	east, south, west, north, up, down, front, back, left, right, inside, outside, in, middle, aside… eastward, above, within, beyond, before, among, between, within, eastern, left, side, above, east side, outside, below, right side, east end, inside, over, in front, etc.	汉语的方位词分单纯方位词和合成方位词。单纯方位词一般不能单独使用。合成方位词是由以～、之～、～边、～面、～头组合而成。 The direction and location words are divided into pure words and compound words. The pure words are usually not used alone. The compound words are composed of "yi-", "zhi-", "-bian", "-mian", and "-tou".
疑问词"谁""什么""哪儿"等的位置 Interrogative words of place "shui" (who), "shenme" (what), "na'r" (where) etc.	谁是老师? 你去哪儿? 这是谁的书? 你什么时候回家? 你们怎么回学校?	Who is the teacher? Where are you going? Whose book is this? When will you go home? How will you go back to school?	疑问词在问句中可以做主语、宾语、定语、状语。 Interrogative words can be used as the subject, predicate, attribute, and adverbial in a question.

续表

名称 Term	汉语 Chinese	英语 English	对比说明 Explanation
数量词 Measure words (or Quantifiers)	我买了三本书。 他买了五辆自行车。 浴室里挂着两面镜子。	I bought three books. He bought five bicycles. Two mirrors are hung in the bathroom.	汉语的量词非常丰富。数词和名词之间必须要有一个量词。 There are plenty of measure words or quantifiers in Chinese. There must be a measure word between numerals and nouns.
动词 Verbs	看——看看、看一下、看一看、看了看 学习——学习学习、学习一下、学习了学习	look, have a look, look at study, learn	汉语的动词可以重叠使用。 Verbs in Chinese can be duplicated.
"了" "le"	昨天下午,我参观了历史博物馆。 我把这本小说看完了。 他坐起来下床穿上鞋走了出去。 我不去看电影了。	I visited the Historical Museum yesterday afternoon. I've finished reading the novel. He sat up, put on his shoes, got off the bed, and went out. I won't go to the movie.	"了"放在动词或者句子后边表示: 1. 在一个具体的时间,这个动作完成了。 2. 这件事情完成了。 3. 在连续的几个动作发生时,"了"放在最后一个动词后边。 4. "了"表示事情发生了变化。 The word "le" following a verb or a sentence indicates: 1. The action is completed within a specific time. 2. This thing has been done. 3. When a series of actions are taking place, "le" is put behind the last verb. 4. "le" indicates something has changed.

续表

名称 Term	汉语 Chinese	英语 English	对比说明 Explanation
"着" "zhe"	他在椅子上坐着。 他穿着中式衣服。 床上躺着一个小孩子。	He is sitting on a chair. He is wearing Chinese-style clothes. A child is lying on the bed.	"着"放在动词后边表示：处于持续状态的动作或者样子。 The word "zhe" following a verb indicates it is in a state of continuous actions or mode.
"过" "guo"	我学过汉语。 我去过上海。 他没来过这儿。	I have studied Chinese. I have been to Shanghai. He hasn't been here.	"过"用在动词后表示：强调某种动作曾经发生过或者强调某种经历。 The word "guo" following a verb indicates a certain action has happened or a certain experience is being stressed.
正在…… ……呢 正……呢 在……呢 正在……呢 zheng zai… …ne zheng…ne zai … ne zheng zai…ne	现在他正在吃饭。 我吃饭呢，不去送你了。 他没时间，他正开会呢。 他没出去，他在睡觉呢。 我正在吃饭呢，你别问我了。	He is having his meal now. I'm having a meal so I won't see you off. He has no time because he's having a meeting. He is not out. He's sleeping. I'm having a meal. Please don't ask me.	"正在……、……呢、正……呢在……呢、正在……呢、正在……呢"表示某个动作正在进行中。 "zheng zai…", "…ne", "zheng…ne", "zai…ne", "zheng zai…ne", and "zheng zai…ne" indicate an action is going on right now.

买电脑
Unit 1 Buying a Computer

必备用语 Key Expressions

Wǒ xiǎng mǎi tái diànnǎo
◉ 我想买台电脑。
I would like to buy a computer.

Nǎr yǒu mài de
◉ 哪儿有卖的？
Where can I buy one?

Yào huā duō shao qián
◉ 要花多少钱？
How much does it cost?

Nǐ zhǔnbèi huā duō shao qián
◉ 你准备花多少钱？
How much do you want to spend?

Nǐ dǎ suàn mǎi duō shao qián de
◉ 你打算买多少钱的？
How much are you planning to spend?

Nǐ yào shénme yàng de
◉ 你要什么样的？
What kind would you like?

Nǐ yào pián yi de hái shi guì de
◉ 你要便宜的,还是贵的?
You want a cheaper one or an expensive one?

Pián yi bù shǎo
◉ 便宜不少。
much cheaper

Tài guì le
◉ 太贵了。
too expensive

Jiàng jià le
◉ 降价了。
on sale

情景对话 Situational Dialogues

(Xiao Li is a journalist of an English magazine. Xiao Zhang is the network administrator of a company. They rented an apartment together. One day, Xiao Li went to see Xiao Zhang.)

1.

Xiǎo Lǐ Wǒ xiǎng mǎi gè xīn diànnǎo le yuán lái de nà ge tài jiù le
小 李:我想买个新电脑了,原来的那个太旧了。
Xiao Li: I would like to buy a new computer. The one I'm using now is obsolete.

Xiǎo Zhāng Shì nǐ gè rén yòng ma
小 张:是你个人用吗?
Xiao Zhang: Is it for your personal use?

Xiǎo Lǐ Duì
小 李:对。

Xiao Li：That's right.

Xiǎo Zhāng Wǒ yǒu gè péng you shì mài diàn nǎo de nǐ zhǎo tā ba

小　张：我有个朋友是卖电脑的，你找他吧。

Xiao Zhang：A friend of mine sells computers. You can go to him.

Xiǎo Lǐ Tā néng gěi wǒ pián yi diǎnr ma

小　李：他能给我便宜点儿吗？

Xiao Li：Can he give me a cheaper price?

Xiǎo Zhāng Dāngrán le

小　张：当然了。

Xiao Zhang：Sure.

2.

Xiǎo Zhāng Nǐ yào mǎi tái shì jī hái shi bǐ jì běn a Tīng shuō zuì jìn bǐ jì běn jiàng jià le nǐ hái bù rú mǎi bǐ jì běn ne

小　张：你要买台式机还是笔记本啊？听说最近笔记本降价了，你还不如买笔记本呢。

Xiao Zhang：Would you like a desktop computer or a laptop? I heard laptops are on sale lately. You might as well buy a laptop then.

Xiǎo Lǐ Bǐ jì běn tài guì le mǎi bù qǐ

小　李：笔记本太贵了，买不起。

Xiao Li：A laptop is too expensive. I can't afford it.

Xiǎo Zhāng Zhè dǎo yě shì tái shì jī bì jìng pián yi bù shǎo ne

小　张：这倒也是，台式机毕竟便宜不少呢。

Xiao Zhang：Yes, it is. A desktop computer is much cheaper after all.

Xiǎo Lǐ Nǐ bāng wǒ gēn nǐ nà ge péng you shuō yí xià ba

小　李：你帮我跟你那个朋友说一下吧。

Xiao Li：Could you pass a word to your friend for me?

Xiǎo Zhāng Chéng

小　张：成。

Xiao Zhang：OK.

3.

Xiǎo Zhāng Nà tái shì jī nǐ shì yào zì jǐ cuán ne hái shi mǎi pǐn pái jī

小 张：那台式机你是要自己攒呢，还是买品牌机？

Xiao Zhang：Would you like to assemble a desktop computer by yourself or buy a branded one?

Xiǎo Lǐ Zì jǐ cuán yīnggāi gèng pián yi diǎnr ba

小 李：自己攒应该更便宜点儿吧？

Xiao Li：It would be cheaper if I assemble it myself, right?

Xiǎo Zhāng Shì bú guò yě gèng má fan nǐ děi zì jǐ tiāo yìng pán xiǎn shì qì shén me de

小 张：是，不过也更麻烦，你得自己挑 CPU、硬盘、显示器什么的。

Xiao Zhang：Yes. But it is more troublesome. You'll have to select the CPU, hard drive, monitor, etc. by yourself.

Xiǎo Lǐ Ò Zhè me má fan

小 李：哦，这么麻烦。

Xiao Li：Oh, that's too troublesome.

Xiǎo Zhāng Nǐ yǐ wéi ne

小 张：你以为呢。

Xiao Zhang：What do you have in mind?

Xiǎo Lǐ Nà dé le hái shi mǎi pǐn pái jī ba

小 李：那得了，还是买品牌机吧。

Xiao Li：In that case, I'll simply buy a branded one.

对话 1

我 wǒ/I, me

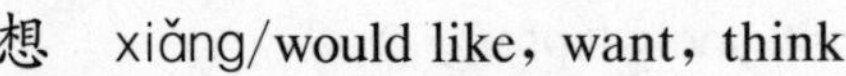

想 xiǎng/would like，want，think
买 mǎi /buy，purchase
新 xīn /new
电脑 diànnǎo /computer
原来 yuánlái /formerly, originally
那个 nàga/that
太 tài/too
旧 jiù/old
你 nǐ/you
个人 gèrén /personal
用 yòng/use
对 duì/right
有 yǒu/have
朋友 péngyou/friend
卖 mài/sell
你 nǐ/you
找 zhǎo/look for
他 tā/him, he
能 néng/can
给 gěi/give
便宜 piányi/cheap
点儿 diǎnr/a little, a bit, a few
当然了 dāngrán le /certainly, sure

对话 2

要 yào/want
台式机 táishì jī/desktop (computer)
还是 háishi/or

笔记本　bǐjìběn/notebook, laptop

听说　tīngshuō/heard

最近　zuìjìn/lately, recently

降价　jiàngjià/lower the price, on sale (discount)

不如　bùrú/it would be better to

贵　guì/expensive

买不起　mǎi bù qǐ/cannot afford

毕竟　bìjìng/after all

不少　bù shǎo/a lot, many, much

帮　bāng/help

跟　gēn /to

说一下　shuō yí xià/say, speak, talk, tell

成　chéng /right, OK

对话 3

自己　zìjǐ /oneself

攒　cuán /assemble

还是　háishi/or

应该　yīnggāi /should, ought

不过　bú guò/but then

更　gèng /more, much

得　dé, děi /have to

挑　tiāo /choose

硬盘　yìngpán /hard disk

显示器　xiǎnshìqì /monitor

以为　yǐwéi /think, feel

相关用语
Relevant Expressions

zhōngyāng chǔ lǐ qì
◉ 中央处理器
CPU

yìngpán
◉ 硬盘
hard disk

zhǔ jī
◉ 主机
host computer；main frame

shǔbiāo
◉ 鼠标
mouse

nèicún
◉ 内存
memory

bēnténg
◉ 奔腾 4
Pentium 4

pèi zhì
◉ 配置
configure；configurations

zǔzhuāng jī
◉ 组装机
assembled computer

jiànpán
◉ 键盘

keyboard

ěr jī
◉ 耳机
earphones

gè rén diànnǎo
◉ 个人电脑
personal computer (PC)

gè rén shù zì zhù lǐ huò jiào zhǎngshangxíng diànnǎo
◉ 个人数字助理或叫 掌 上 型 电脑
Personal Digital Assistant (PDA) or Palmtop (computer); Pocket PC

Néng yōuhuì ma
◉ 能 优惠吗?
Is there any discount?

Dǎ zhé ma
◉ 打折吗?
Is there any discount?

Wǒ xiǎng huàn tái xīn de
◉ 我 想 换台新的。
I would like to change a new one.

Nǐ de diànnǎo gāi táo tài le
◉ 你的电脑该淘汰了。
Your computer is obsolete.

Bāng wǒ xuǎn yì tái
◉ 帮我选一台。
Help me choose one.

语言文化小贴士
Language Tips

1. 汉语里有许多用相反意思的两个字组成的词语来表示一个词，比如说，买卖，指的是商业活动，其中包括了买和卖两种行为，而买卖人则指的是从事商业活动的人。类似的例子还有：东西，东西原来指的是方向，而组合在一起指的是物体。

In Chinese there are many phrases made up by two characters with opposite meanings, such as "mǎimai"(买卖), which refers to business activities. It includes two activities, "buy"(买) and "sell"(卖). "Mǎimairén" (买卖人) refers to people who engage in business activities. Another phrase is "dōngxi"(东西), which originally refers to two directions, "east" (东) and "west"(西), but when put together, it refers to an object.

2. 在前后语言环境不影响理解的情况下，经常可以省略主语。比如小李说：笔记本电脑太贵了，买不起。这里省略了主语"我"，全句应该是：我买不起。

In circumstances where two sentences do not conflict in a conversation, the subject is often omitted. For example, Xiao Li said: "Bǐjìběn diànnǎo tài guì le, mǎi bù qǐ" (This laptop is too expensive, can't afford it.) In this sentence, the subject "I" is omitted. The complete sentence should be "I can't afford it."

3. CPU 的中文翻译是：中央处理器，但是该翻译过长，所以 CPU 的英文作为外来语被广泛接受，就像中国人也经常说：OK 一样。

The Chinese term for CPU is "Zhōngyāngchùlǐqì".

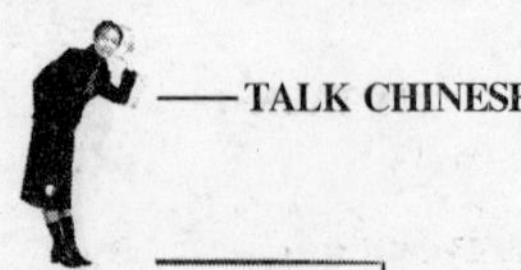

But since it is too long, the English abbreviation - CPU "Central Processing Unit" is widely accepted and used by the Chinese, as with the phrase "OK".

4. 人民币单位：分、角、元、百、千、万

Units of the RMB: fen, jiao, yuan, bai, qian, wan

练　　习
Exercises

1. 下列价格中，哪个更便宜？按从小到大排队。Which price given below is cheaper? Please arrange them in order, from lowest to highest price.

A. 300元　　B. 3千元　　C. 5角　　D. 10分

2. 看价格，请从下列价格中选出最贵的。Look at

the prices below and choose the most expensive one.

A. 200 元　　B. 2 千元　　C. 20 元　　D. 2 角

3. 熟记下图电脑中的各个部件的名称。Remember the names of each computer part in the chart below.

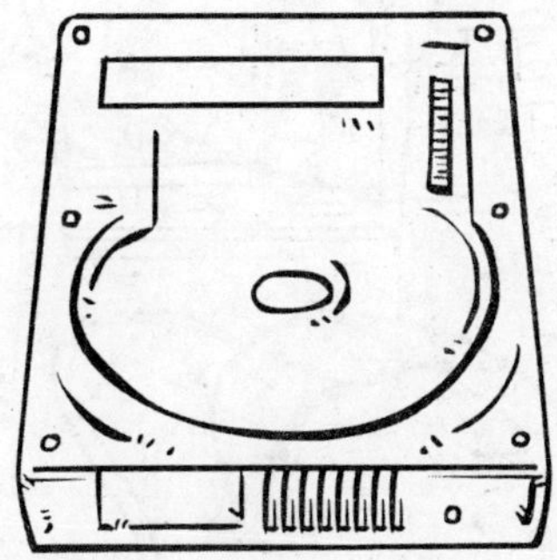

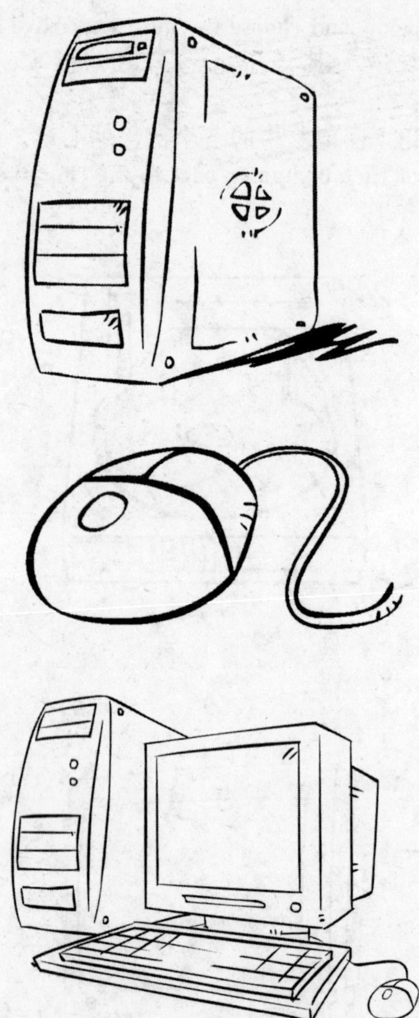

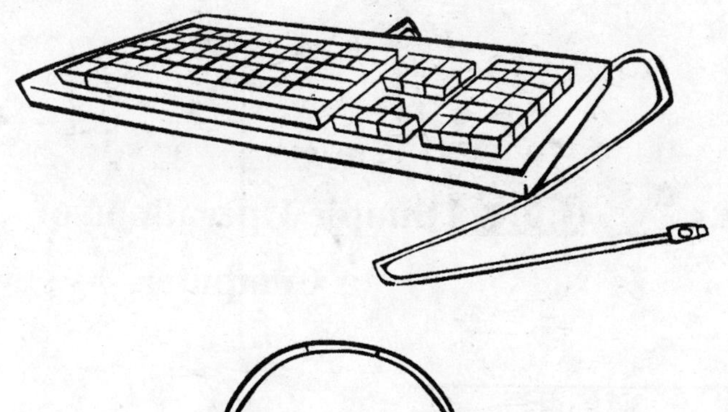

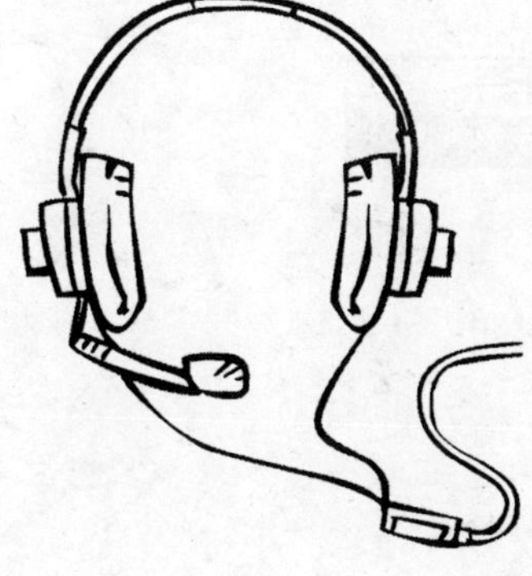

答案 Answer:

1. D　DCAB

2. B

3. 硬盘　电脑显示器　主机　鼠标　组装机　键盘　耳机

电脑简单操作
Unit 2 Simple Operations of a Computer

必备用语
Key Expressions

zhuāng xìtǒng
◉ 装 系统
install a system

zhuāng ruǎnjiàn
◉ 装 软件
install a software

kāi jī
◉ 开机
boot up

guān jī
◉ 关机
shut down

chū jí shuǐpíng
◉ 初级水平
basic level

mài diànnǎo de
◉ 卖电脑的

computer seller (vendor)

情景对话 Situational Dialogues

(Xiao Li bought a branded computer and Xiao Zhang came over to help him.)

1.

Xiǎo Lǐ Diànǎo zǒngsuàn mǎi huí lái le
小 李：电脑总算买回来了。

Xiao Li: I've finally bought a computer back.

Xiǎo Zhāng Lái ràng wǒ kànkan Xiān kāi jī
小 张：来，让我看看。先开机。

Xiao Zhang: Come on, let me have a look. Boot up first.

Xiǎo Lǐ Wǒ lái wǒ lái kāi jī zhè me jiǎn dān ràng wǒ lái huí tóu yǒu nán de wǒ hái děi wèn nǐ ne
小 李：我来我来，开机这么简单让我来，回头有难的我还得问你呢。

Xiao Li: Let me. Booting up is such an easy thing, so let me do it, for I'll have to ask you when I have problems later.

Xiǎo Zhāng Hēi yōu nǐ zì jǐ zhuāng de xì tǒng a
小 张：嘿哟，Windows XP，你自己装的系统啊？

Xiao Zhang: Wow, it's Windows XP. Did you install the system by yourself?

Xiǎo Lǐ Nǎr a mài diànǎo de bāng wǒ zhuāng de Bú guò tā shuō qí tā de ruǎnjiàn tā jiù bù guǎn le wǒ xiàn zài
小 李：哪儿啊，卖电脑的帮我装的。不过他说其他的软件他就不管了。我现在

fān yì ruǎnjiàn shénme de dōu méi
Word, Outlook, 翻译软件什么的都没
zhuāng ne
装呢。

Xiao Li: No. The vendor who sold me the computer installed it. But he said he wouldn't install the other software. Now I haven't installed Word, Outlook, Translation software, etc.

Xiǎo Zhāng Nà huí tóu wǒ bāng nǐ zhuāng ba
小 张：那回头我帮你装吧。

Xiao Zhang: Well, I'll help you install them later.

Xiǎo Lǐ Nà gǎnqing hǎo shí zài shì tài gǎn xiè le
小 李：那敢情好，实在是太感谢了。

Xiao Li: That's great. Thank you very much.

Xiǎo Zhāng Gēn wǒ hái kè qi shénme
小 张：跟我还客气什么。

Xiao Zhang: Don't mention it.

2.

Xiǎo Zhāng Wǒ zhèr yǒu jǐ zhāng ruǎn jiàn guāng pán nǐ kàn kan xū yào shén me zì jǐ tiāo
小 张：我这儿有几张软件光盘，你看看，需要什么自己挑。

Xiao Zhang: I have some software here. Look and choose what you want.

Xiǎo Lǐ Wǒ kàn kan zhè ge zhè ge ò hái yǒu zhè ge
小 李：我看看，这个，这个，哦，还有这个。

Xiao Li: Let me see. This…this…oh, and this.

Xiǎo Zhāng fān yì ruǎnjiàn Zài tiāo tiao kàn hái yào qí tā de shénme wǒ zhēngqǔ yí cì gěi nǐ zhuāng quán le
小 张：Office，翻译软件，Photoshop。再挑挑，看还要其他的什么，我争取一次给你装全了。

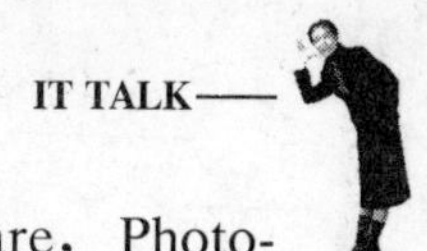

Xiao Zhang：Office，Translation software，Photoshop. See what else you need to install. I'll try to install them all at once.

Xiǎo Lǐ Nǐ yǒu ma
小 李：你有ACDSee吗？

Xiao Li：Do you have ACDSee?

Xiǎo Zhāng Méi yǒu wǒ wèn wen tóng shì ba kàn shuí yǒu jiè nǐ yòng yí xià
小 张：没有，我问问同事吧，看谁有借你用一下。

Xiao Zhang：No，but I'll ask my colleagues to see who can lend one to you if they have.

Xiǎo Lǐ Chéng fǎnzhèng wǒ yě bù zháo jí
小 李：成，反正我也不着急。

Xiao Li：OK. I'm not in a hurry anyway.

3.

Xiǎo Lǐ Hā hā zǒngsuàn gāi yǒu de ruǎn jiàn dōu yǒu le zhēn shì xiè xie nǐ le
小 李：哈哈，总算该有的软件都有了，真是谢谢你了。

Xiao Li：Huh，huh，I have got all the software I should have at last. Thank you very much.

Xiǎo Zhāng Xiǎo yì si wǒ men gōng sī suǒ yǒu de diànnǎo bāo kuò cāo zuò xì tǒng hé yìngyòng ruǎnjiàn dōu shì wǒ ānzhuāng de
小 张：小意思，我们公司所有的电脑，包括操作系统和应用软件，都是我安装的。

Xiao Zhang：It's nothing. All the computers in my company including the operating system and application software are installed by me.

Xiǎo Lǐ Zhēn de Nǐ kě zhēn niú
小 李：真的？你可真牛。

Xiao Li：Really? You're terrific.

Xiǎo Zhāng Shén me niú bù niú de wǒ jiù shì gān zhè ge de Zhè xiē
小 张：什么牛不牛的，我就是干这个的。这些

zài bú huì bú jiù má fan le
再不会，不就麻烦了。

Xiao Zhang：It's nothing terrific. That's how I earn my living. If I don't know how to do all these, I'll be in big trouble!

Xiǎo Lǐ Yǐ hòu wǒ děi duō xiàng nǐ xué xí xué xí Wǒ duì diànnǎo yě jiù shì chū jí shuǐpíng
小　李：以后我得多向你学习学习。我对电脑也就是初级水平。

Xiao Li：I'll have to learn more from you in the future. I'm only a beginner in computers.

Xiǎo Zhāng Nà děng yǒu kòngr de shí hou zámen duō liáoliao diànnǎo
小　张：那等有空儿的时候，咱们多聊聊电脑。

Xiao Zhang：Well, we'll talk more about computers when we have time.

词　汇 Vocabulary

对话 1

总算　zǒngsuàn /finally

买回来　mǎi huílái /buy back

让……看看　ràng...... kànkan /let...have a look

先　xiān /first

开机　kāi jī /boot up

这么　zhème /such, so

简单　jiǎndān /simple

回头　huítóu /later; in a short time

难的　nán de /hard

还得　hái děi / must, have to

问　wèn /ask

装系统　zhuāng xìtǒng /install a system

卖　mài /sell

帮　bāng /help

其他　qítā /other

软件　ruǎnjiàn /software

不管　bùguǎn /not care about

现在　xiànzài /now

翻译软件　fānyì ruǎnjiàn /translation software

敢情　gǎnqing /of course, naturally

实在　shízài /really

太　tài /too; very much

感谢　gǎnxiè /thank

客气　kèqi /stand on ceremony

对话 2

这儿　zhèr /here

几张　jī zhāng /several pieces

光盘　guāngpán /CD

需要　xūyào /need

什么　shénme /what

自己　zìjǐ /oneself

挑　tiāo /choose

这个　zhège /this

还有　hái yǒu /also, still, too

再　zài /again

争取　zhēngqǔ /try for, strive for

一次　yí cì /once

全 quán /whole

同事 tóngshì /colleague

谁 shuí /who

借用 jièyòng /borrow

一下 yí xià /once, one time, for a while

成 chéng /OK

反正 fǎn zhèng /anyway

不着急 bù zháojí /not in a hurry

对话 3

该有的 gāi yǒu de /should have

真是 zhēnshì /really

谢谢 xièxie /thank

小意思 xiǎo yìsi /nothing

我们 wǒmen /we

公司 gōngsī /company

所有 suǒyǒu /all

包括 bāokuò /include, consist

操作系统 cāozuò xìtǒng /operation system

应用软件 yìngyòng ruǎnjiàn /application software

真牛 zhēn niú /really excellent

这些 zhèxiē /these

麻烦 máfan /trouble

以后 yǐhòu /later

得 děi /have to

多 duō /a lot, more

向……学习 xiàng……xuéxí /learn from

初级水平 chūjí shuǐpíng /basic level

那　nà /then

等　děng /wait，wait for

有空　yǒu kòng /have free time

时候　shíhou /time

咱们　zánmen /we

聊聊　liáoliao /chat，talk

相关用语 Relevant Expressions

◉ 重启（重新启动）chóng qǐ (chóng xīn qǐ dòng)

reboot

◉ 杀毒 shā dú

disinfect viruses

◉ 防火墙 fáng huǒ qiáng

firewall

◉ 死机 sǐ jī

crash

◉ 系统（操作系统）xì tǒng (cāozuò xì tǒng)

operating system (OS)

◉ 装（安装）zhuāng (ān zhuāng)

install

yìngjiàn
◉ 硬件
hardware

zhíxíng
◉ 执行
run

yìngyòng chéngxù
◉ 应用 程序
application program

语言文化小贴士 Language Tips

1. 在汉语中,表示感谢的词语口语中主要是:谢谢,太谢谢了,太感谢了等,反馈的话和英语差不多,主要是:别客气(Don't mention it),没关系(You're welcome),小意思等。"小意思"主要指的是我没有为你做非常大的事情,做的只是很小的事情,没有费很大的力气,所以你也不用特别感谢我的意思。

In spoken Chinese, phrases used to express thanks include: "xièxie, tài xièxie le, tài gǎnxiè le," and so on. The replies are more or less the same, like "bié kè qì" (Don't mention it); "méi guānxì" (You're welcome); "xiǎo yìsi" (Nothing). "xiǎo yìsi" primarily means that I haven't done very big favors for you, what I did are trifle things that doesn't need too much effort, so you don't need to thank me especially.

2. "回头"在口语中有的时候表示 later 的意思,字面上"回头"的理解是把头转到正后方,意思是说我等把头转回来的时候就能做这件事情了,不会很久的意思,但不

是现在的意思。

"Huí tóu"in spoken Chinese sometimes means"later". If we just look at the phrase literally, it means turning one's head back, indicating that one will finish doing something in the time needed to turn his head around, thus meaning not a very long time to get it done. It, however, doesn't mean "right now".

3. "牛"、"厉害"、"棒"都是口语中称赞别人很优秀的词语，相当于英语中的"terrific"。

"Niú ","lìhai", and "bàng" are all words/phrases to praise others for being outstanding or excellent, similar to the word "terrific" in English.

练　习 Exercises

1. 说明下列选项是硬件还是软件。Classify the following into hardware or software.

1）显示器

2) CPU
3) 操作系统
4) Photoshop
5) ACDSee

2. 根据课文，把句子补充完整。Complete the following dialogues according to what you've learned in the text.

1) 小王："实在是太感谢了"
小李："____________"

3. 选择最适合的词替换斜体的部分"连针灸你都会？你可真牛！"Choose the best word/phrase below to replace the word in italics in the sentence above.

1) 棒
2) 厉害
3) 没用
4) 笨
5) 聪明

答案 Answer：

1.
1) 显示器(硬件)
2) CPU(硬件)
3) 操作系统(软件)
4) photoshop(软件)
5) Acdsee(软件)
2.
跟我还客气什么。
3. 1)

软件安装及卸载
Unit 3 Installation & Unloading of Software

必备用语 Key Expressions

Má fan le
◉ 麻烦了。
I'm in trouble.

Guò qī le
◉ 过期了。
It's expired. (It's out of date.)

shìyòng qī xiàn
◉ 试用期限
trial period

zuì xīn de bǎnběn
◉ 最新的版本
the latest edition

Zěn me ānzhuāng
◉ 怎么安装？
How to install?

Zhè gè róngyì
◉ 这个容易。
This is easy.

Nǐ nàr yǒu ānzhuāng chéngxù ma
◉ 你那儿有安装 程序吗?
Do you have an installation program?

情景对话 Situational Dialogues

(After using the computer for a month, Xiao Li runs into trouble. He went to see Xiao Zhang.)

1.

Xiǎo Lǐ Xiǎo Zhāng má fan le Nǐ shàng cì gěi wǒ zhuāng de nà ge ruǎn jiàn guò qī le
小 李:小张,麻烦了。你上次给我装的那个软件过期了。
Xiao Li: Xiao Zhang, I'm in trouble. That software you installed last time was expired.

Xiǎo Zhāng Zěn me kě néng ne
小 张:怎么可能呢?
Xiao Zhang: How can that be?

Xiǎo Lǐ Zhēn de wǒ zhè liǎng tiān yì zhí yòng bù liǎo
小 李:真的,我这两天一直用不了。
Xiao Li: It's true. I haven't been able to use it these two days.

Xiǎo Zhāng Nǎ ge ruǎnjiàn a
小 张:哪个软件啊?
Xiao Zhang: Which software?

Xiǎo Lǐ a nǐ wàng le Yí gè yuè qián nǐ bāng wǒ zhuāng de
小 李:ACDSee 啊,你忘了?一个月前你帮我装的。
Xiao Li: ACDSee. Oh, you forgot? You installed for me a month ago.

Xiǎo Zhāng Ò wǒ zhī dào le Nà ge shì wǒ bāng nǐ cóng wǎngshang xià
小 张：哦，我知道了。那个是我帮你从网上下
zǎi de shì yòng bǎn shì yòng qī xiàn shì sānshí tiān
载的试用版，试用期限是30天。

Xiao Zhang：Oh, I remember now. That was a trial edition I downloaded from the Internet for you, and the trial period is 30 days.

Xiǎo Lǐ Nán guài wǒ yòng bù liǎo le lǎo shì ràng wǒ zhù cè gòu mǎi shén
小 李：难怪我用不了了，老是让我注册，购买什
me de
么的。

Xiao Li：No wonder I can't use it. It kept asking me to register or buy it.

Xiǎo Zhāng Wǒ quàn nǐ hái shi zhuāng ge bié de ba yào bù jiù tāo qián mǎi
小 张：我劝你还是装个别的吧，要不就掏钱买
gè zhèng bǎn de wǎngshang jiù yǒu mài de
个正版的，网上就有卖的。

Xiao Zhang：I suggest you install another one or buy an original version. It is sold on the Internet.

Xiǎo Lǐ Guì ma
小 李：贵吗？

Xiao Li：Is it expensive?

Xiǎo Zhāng Bù pián yi ba gōng sī de yīnggāi bù pián yí Nǐ
小 张：不便宜吧，Adobe公司的应该不便宜。你
qù wǎngshang sōu yí xià ba
去网上搜一下吧。

Xiao Zhang：It's not cheap. It should not be very cheap since it is from Adobe Company. You can search for it on the Internet.

Xiǎo Lǐ Tài má fan le yòu děi huā qián fǎnzhèng wǒ yě bù jīng cháng yòng
小 李：太麻烦了，又得花钱，反正我也不经常用，
yào bù nǐ bāng wǒ xiè le ba
要不你帮我卸了吧。

Xiao Li：It's too troublesome，and I'll have to spend money again. I don't use it often anyway. can you help me to unload it?

Xiǎo Zhāng Yě chéng
小 张：也成。

Xiao Zhang：OK.

2.

Xiǎo Lǐ Gē menr wǒ mǎi le zhèngbǎn de le wǒ gēn nǐ xué xue zěn me ānzhuāng xíng ma
小 李：哥们儿，我买了正版的 ACDsee 了，我跟你学学怎么安装，行吗？

Xiao Li：Hi，chap. I bought an original ACDSee. Let me learn how to install it from you，can I?

Xiǎo Zhāng Xíng zhè ge róng yì Lái qiáo zhe
小 张：行，这个容易。来，瞧着。

Xiao Zhang：All right. That's easy. Come on，look.

Cāo zuò gěi Xiǎo Lǐ kàn Nǐ shuāng jī ānzhuāng wén jiàn jiù shì nà ge de wén jiàn rán hòu gēn jù tí shì yí bù yí bù lái jiù chéng le
（操作给小李看）你双击安装文件，就是那个 setup 的文件，然后根据提示一步一步来就成了。

（Showing to Xiao Li）Double click the setup，it's that setup file，then continue step by step，following the hints given.

Xiǎo Lǐ Děngdeng zhè ge xuǎn zé shì shén me
小 李：等等，这个选择是什么？

Xiao Li：Hold on. What's this choice?

Xiǎo Zhāng Zhè ge shì ràng nǐ xuǎn zé ruǎn jiàn zhuāng zài pán hái shi bié de pán yī bān mò rèn de shì pán
小 张：这个是让你选择软件装在C盘还是别的盘，一般默认的是C盘。

Xiao Zhang：This is to let you choose which drive to install the software in，C or D drive. Usually the drive it tacitly approves is C.

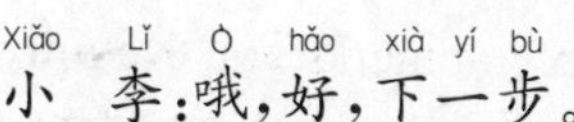

Xiǎo Lǐ Ò hǎo xià yí bù
小　李：哦，好，下一步。

Xiao Li：Oh，well，next step then.

Xiǎo Zhāng Děng tā zì jǐ ānzhuāng wán le huì yǒu tí shì de
小　张：等它自己安装 完了，会有提示的。

Xiao Zhang：It will give you a hint when it finishes.

Xiǎo Lǐ Rú guǒ wǒ bù xiǎng yào zhè ge ruǎnjiàn gāi zěn me bàn ne
小　李：如果我不想要这个软件，该怎么办呢？

Xiao Li：If I don't want this software anymore，what should I do？

Xiǎo Zhāng Nà jiù cóng zhè lǐ shān chú yě jiào xiè zài
小　张：那就从这里删除，也叫卸载。

Xiao Zhang：Then delete it from here. It's also called unloading.

3.

Xiǎo Kǐ Hā hā yuán lái zhuāng ruǎnjiàn zhè me róng yì ya
小　李：哈哈，原来装 软件这么容易呀。

Xiao Li：Huh，huh. It's actually that easy.

Xiǎo Zhāng Kě bú shì ma jiù zhè me jiǎndān
小　张：可不是吗，就这么简单。

Xiao Zhang：It sure is as simple as that.

Xiǎo Lǐ Nà huí tóu wǒ zhǎo yì xiē miǎn fèi de ruǎnjiàn zì jǐ yě zhuāng zhuāng kàn
小　李：那回头我找一些免费的软件自己也装装看。

Xiao Li：Well，I'll look for some free software later and try to install them myself.

Xiǎo Zhāng Nà wǒ gěi nǐ tuī jiàn zhè liǎng kuǎn dōu shì miǎn fèi de shì xià zài ruǎnjiàn shì yóu jiàn ruǎnjiàn
小　张：那我给你推荐Netant，Foxmail，这两款都是免费的，Netant是下载软件，Foxmail是邮件软件。

Xiao Zhang: In that case, I recommend you Netant, and Foxmail. Both of them are free. Netant is a downloading software, and Foxmail is a mail software.

Xiǎo Lǐ: Nǐ nàr yǒu ānzhuāng chéngxù ma
小 李：你那儿有安装程序吗？

Xiao Li: Do you have an installation program?

Xiǎo Zhāng: Yǒu, búguò nǐ zuì hǎo zìjǐ duànliàn yíxià, qù wǎngshang xiàzài zuì xīn de bǎnběn.
小 张：有，不过你最好自己锻炼一下，去网上下载最新的版本。

Xiao Zhang: Yes. But you'd better try it out for yourself. Surf the Internet and download the latest edition.

词 汇 Vocabulary

对话 1

上次 shàng cì /last time

过期 guòqī /expire; out of date

怎么可能 zěnme kěnéng /how can that be

真的 zhēn de /really

两天 liǎng tiān /two days

一直 yìzhí /all the time; at all times; the whole time

用不了 yòng bù liǎo /unable to use

哪个 nǎge /which

忘了 wàng le /forget

一个月前 yí gè yuè qián /one month ago

知道 zhīdào /know

从　cóng /from

网上　wǎng shang /on the Internet

下载　xiàzǎi /download

试用版　shìyòngbǎn /trial edition

试用期限　shìyòng qīxiàn /trial period

天　tiān /day

难怪　nánguài /no wonder

老是　lǎoshì /always

让　ràng /let

注册　zhùcè /register

购买　gòumǎi /buy, purchase

劝　quàn /persuade

别的　bié de /other

要不　yàobù /otherwise

掏钱　tāoqián /pay money

正版的　zhèngbǎn de /legal (original), genuine

搜一下　sōu yíxià /search

花钱　huā qián /spend money

反正　fǎnzhèng /anyway

经常　jīngcháng /always

卸了　xiè le /unload

对话 2

哥们儿　gēmenr /brother, chap

学　xué /learn, study

安装　ānzhuāng /install

容易　róngyì /easy

瞧着　qiáozhe /look

双击　shuāng jī /double click

文件　wénjiàn /file，document

然后　ránhòu /then

根据　gēnjù /according to

提示　tíshì /hint，clue

一步一步　yí bù yí bù /step by step

选择　xuǎnzé /choice；choose

盘　pán /disk，drive

一般　yìbān /usually，ordinarily

默认　mòrèn /tacitly approve (agree)

下一步　xià yí bù /next step

删除　shānchú /delete，wipe out

也叫　yě jiào /also called

卸载　xièzài /unload

对话 3

简单　jiǎndān /simple，easy

免费的　miǎnfèi de /free

推荐　tuījiàn /recommend

款　kuǎn /model，type

邮件　yóujiàn /mail

程序　chéngxù /program

最好　zuì hǎo /had better

锻炼　duànliàn /exercise

最新　zuì xīn /the latest

版本　bǎnběn /edition

相关用语 Relevant Expressions

zhèngbǎn de
◉ 正版的
orginal, genuine

dàobǎn de
◉ 盗版的
pirated

shàngchuán
◉ 上传
submit

xià zǎi gōngjù
◉ 下载工具
downloading tool

wǎng luò kuài chē
◉ 网络快车
network express

语言文化小贴士 Language Tips

"麻烦了"是指自己或者什么事情有了麻烦,"麻烦您"是请人帮忙的客气话,直接翻译是:"I'm bothering you",相当于"excuse me"。"麻烦您"是口语中比较礼貌的表达,想让别人帮忙,打扰别人的时候都可以这么说。

"Má fán le" refers to someone or something runs into trouble. "Má fan nín " is a polite way of saying when asking for help. The direct translation is "I'm bothering you". It's similar to "excuse me." "Máfan

nín" is a more polite expression in spoken Chinese. If you need help or when you bother someone, you can use it.

练　习 Exercises

1. 完成句子或对话。Complete the sentences or dialogues below.

1）"____,问一下,明星酒店怎么走?"

2）"对不起。"

"__________。"

3）我要给我的电脑____一个软件。

4）"谢谢您。"

"____。"

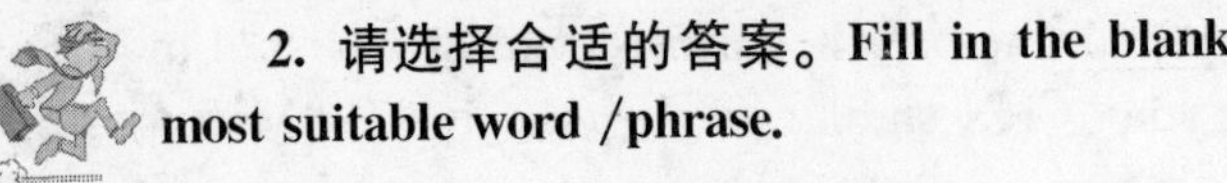

2. 请选择合适的答案。Fill in the blanks with the most suitable word /phrase.

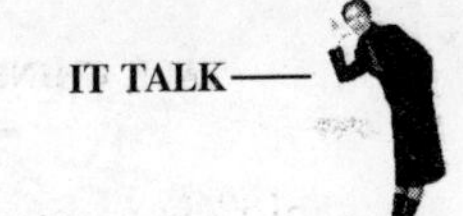

1）“我们要支持____，打击____。”

A 正版软件 B 盗版软件

C 杀毒软件 D 图像处理软件

2）“这款软件需要付费吗？”

“不用，这个是____。”

A. 免费的 B. 贵的 C. 便宜的 D. 共享的

3）“我想看图可怎么看不了啊在这台电脑上？”

“因为你一个看图程序都没有____。”

A. 下载 B. 买 C. 安装

4）“你这个文件要存在 C____还是 D____啊？”

A. 区 B. 盘 C. 块

答案 Answer：

1.

1）麻烦您

2）没关系

3）安装

4）不客气

2.

1）A/B

2）A

3）C

4）B

申请宽带及上网
Unit 4 Applying for Broadband & Getting Online

必备用语 Key Expressions

Nǐ shàngwǎng ma
◉ 你上网吗？
Do you surf the Internet?

shēnqǐng kuān dài
◉ 申请宽带
apply for Broadband

Wǒ shàngwǎng shí jiān cháng
◉ 我上网时间长。
I spend long hours surfing the Internet.

Méi wèn tí
◉ 没问题。
No problem

Shēnqǐng xià lái le
◉ 申请下来了。
The application has been done.

gǎn gǎo zi
◉ 赶稿子

rush a report

Wǒ yǒu yuē huì
◉ 我有约会。
I have a date.

Bāo yuè hái shi mǎi kǎ
◉ 包月还是买卡?
monthly payment or buying a prepaid card

xià zǎi diànyǐng gē qū
◉ 下载电影/歌曲
download movies/songs

bǎo cún mì mǎ
◉ 保存密码
save password

情景对话 Situational Dialogues

(Xiao Zhang and Xiao Li are talking about surfing the Internet.)

1.

Xiǎo Zhāng Nǐ měi tiān shàngwǎng ma
小　张：你每天上网吗?
Xiao Zhang: Do you surf the Internet every day?

Xiǎo Lǐ Dāngrán shàng le
小　李：当然上了。
Xiao Li: Certainly.

Xiǎo Zhāng Nà zán men qù shēnqǐng kuān dài ba zhè yàng shàngwǎng de sù dù bǐ bō hào shàngwǎng yào kuài de duō
小　张：那咱们去申请宽带吧,这样上网的速度比拨号上网要快得多。

Let's apply for a Broadband then. In this way the speed of getting on the Internet will be faster than a dial-up access.

uō shao qián yí gè yuè a
：那得多少钱一个月啊?

Xiao Li：How much is it per month?

Xiǎo Zhāng Àn xiǎo shí bāo yuè yǒu měi yuè èrshí xiǎo shí èrshí yuán de sìshí xiǎo
小　张：按小时包月，有每月20小时20元的、40小

shí sìshí yuán de zuì duō bāo yuè bú jì shí yě jiù měi yuè
时40元的，最多包月不计时也就每月

yìbǎi wǔshí yuán
150 元。

Xiao Zhang：For monthly payment by hours, there is 20 yuan for 20 hours, 40 yuan for 40 hours per month, and the highest monthly payment is 150 yuan for unlimited hours per month.

Xiǎo Lǐ Kě shì wǒ yǐ jīng mǎi le yī zhāng wǔshí kuài qián de shàng wǎng kǎ
小　李：可是我已经买了一张50块钱的上网卡

le
了。

Xiao Li：But I have bought a 50-yuan Internet card already.

Xiǎo Zhāng Nà jiù zhèyàng ba zhè ge yuè zán men xiān yòng wǎng kǎ bō hào
小　张：那就这样吧，这个月咱们先用网卡拨号

shàngwǎng cóng xià ge yuè kāi shǐ zán men gǎi yòng kuān dài shàngwǎng
上网，从下个月开始咱们改用宽带上网

hǎo ma
好吗?

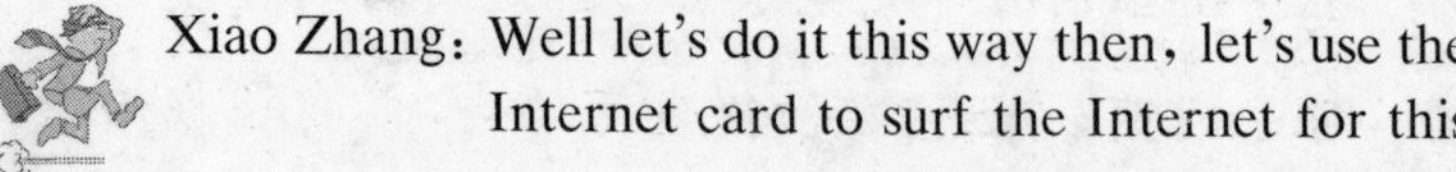

Xiao Zhang：Well let's do it this way then, let's use the Internet card to surf the Internet for this

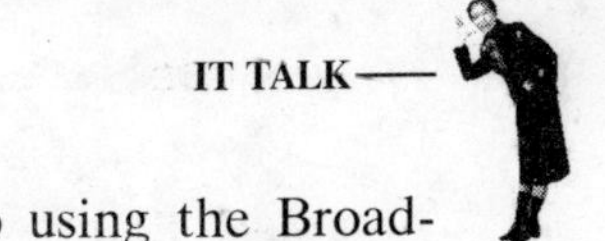

month, and change to using the Broadband starting from next month, shall we?

Xiǎo Lǐ Chéng Wǒ shàngwǎng shí jiān cháng yào shi měi tiān zhè me xià qù wǒ wǔshí kuài qián de wǎng kǎ yòng bù liǎo bàn gè yuè jiù yòngwán le

小 李：成。我上网时间长，要是每天这么下去，我50块钱的网卡用不了半个月就用完了。

Xiao Li: OK. I spend long hours on the Internet. If this continues, my 50-yuan Internet card will be used up in less than half a month.

Xiǎo Zhāng Jiù shì Zhèyàng ba nǐ yòu bú zuò bān suǒ yǐ yǒu kōngr de shí hou pǎo yí tàng zěn me yàng

小 张：就是。这样吧，你又不坐班，所以有空儿的时候跑一趟，怎么样？

Xiao Zhang: That's right. Well, since you don't have stipulated office hours, can you go and apply for the Broadband when you have the time?

Xiǎo Lǐ Méi wèn tí Fàng xīn ba bāo zài wǒ shēnshang

小 李：没问题。放心吧，包在我身上。

Xiao Li: No problem. Don't worry, you can count on me.

2.

Xiǎo Lǐ Zǒngsuàn shēn qǐng xià lái le jīn tiān jiù kě yǐ yòng kuān dài shàng wǎng le zài yě bú yòng bō hào nà me màn le

小 李：总算申请下来了，今天就可以用宽带上网了，再也不用拨号那么慢了。

Xiao Li: The application has finally been done. We can use Broadband to surf the Internet now, and it will be much faster than by using dial-up access.

Xiǎo Zhāng Hē hē jīn tiān xīng qī tiān wǒ yǒu yuē huì nǐ zì jǐ zài

小 张：呵呵，今天星期天，我有约会，你自己在

jiā hǎo hāor shàng ba
家好好儿上吧。

Xiao Zhang: Huh, huh, today is Sunday. I have a date, so please enjoy it yourself.

Xiǎo Lǐ Wǒ děi gǎn ge gǎo zi hái yǒu yì xiē zī liào xū yào zhǎo yí xià nà wǒ kě jiù bú kè qi le
小 李：我得赶个稿子，还有一些资料需要找一下，那我可就不客气了。

Xiao Li: I have to rush a report, and look for some information. So, I will go ahead and use it first.

Xiǎo Zhāng Duì le wǒ wàng le nǐ bàn de shì àn xiǎo shí bāo yuè hái shì bú jì shí bāo yuè a
小 张：对了，我忘了，你办的是按小时包月还是不计时包月啊？

Xiao Zhang: Oh, I almost forgot. Have you applied for monthly payment based on the hours used or monthly payment without limitations?

Xiǎo Lǐ Wǒ bàn de shì bú xiàn shí bāo nián měi nián yí gòng yìqiān kuài qián měi yuè cái bāshí duō yuán hěn zhí de
小 李：我办的是不限时包年，每年一共1000块钱，每月才80多元，很值的。

Xiao Li: I applied for the annual payment without limitations. It's 1,000 yuan per year all together, and that's only over 80 yuan per month. It's very worth it.

Xiǎo Zhāng Nà hǎo zhè xià zán men hái kě yǐ xià zài diàn yǐng kàn le
小 张：那好，这下咱们还可以下载电影看了。

Xiao Zhang: That's good. So now, we can download movies.

Xiǎo Lǐ Wǒ hái méi xià guo huí tóu nǐ jiāo jiao wǒ Wǒ zhǐ zhī dào shàng
小 李：我还没下过，回头你教教我。我只知道上
wǎng kàn xīn wén hé yòng sōu suǒ yǐn qíng chá zhǎo zī liào
网看新闻和用搜索引擎查找资料。

Xiao Li：I haven't downloaded any before. Please teach me later. I only know how to read news and look for information on the Internet.

Xiǎo Zhāng Xià cì ba jīn tiān kě bù chéng le wǒ nǚ péng you hái děng zhe
小 张：下次吧，今天可不成了，我女朋友还等着
wǒ ne
我呢。

Xiao Zhang：Next time then. I can't make it today as my girlfriend is waiting for me.

Xiǎo Lǐ Qù ba qù ba zhù nǐ chī hǎo wánr hǎo
小 李：去吧去吧，祝你吃好玩儿好。

Xiao Li：Go! Go! Hope you eat well and have a good time.

3.

Xiǎo Lǐ Bù hǎo le Xiǎo Zhāng jīn tiān wǒ gāng shàng le yí cì jiù zài
小 李：不好了，小 张，今天我刚 上了一次，就再
yě shàng bu qù le lǎo shì tí shì yǒu cuò wu
也上不去了，老是提示有错误。

Xiao Li：Xiao Zhang, there is something wrong. I got on the Internet once today, and later, I couldn't get on anymore. It kept prompting me of a mistake.

Xiǎo Zhāng Zěn me huì zhèyàng ne Tí shì shuō shì shénme cuò wu a
小 张：怎么会这样呢？提示说是什么错误啊？

Xiao Zhang：How can that be? What mistake did it prompt you of?

Xiǎo Lǐ Shuō yòng hù míng hé mì mǎ bù xiāng fú
小 李：说用户名和密码不相符。

Xiao Li: It said the user name didn't match the password.

Xiǎo Zhāng Zhè jiù qí guài le nǐ bú shì gāng shēn qǐng de ma Bú huì shì nǐ gěi gǎo cuò le ba

小 张：这就奇怪了，你不是刚申请的吗？不会是你给搞错了吧？

Xiao Zhang: That's strange. You just applied, didn't you? Is it possible that you have made a mistake?

Xiǎo Lǐ Bú huì ba Nǐ kàn shēn qǐng dān de fù běn hái zài zhèr yòng hù míng hé mì mǎ dōu zài shàng miàn a

小 李：不会吧。你看，申请单的副本还在这儿，用户名和密码都在上面啊？

Xiao Li: It's impossible. Take a look, this is a copy of the application form, and the user name and password are all on it.

Xiǎo Zhāng Wǒ shàng yí xià shì shi hái zhēn shì bú duì a Nǐ nǐ gǎi guo mì mǎ méi yǒu a

小 张：我上一下试试……还真是不对啊。你，你改过密码没有啊？

Xiao Zhang: Let me try it. No, it's not right, either. Have you…you changed the password?

Xiǎo Lǐ Wǒ gǎi guo a kě shì wǒ wàng le wǒ cún méi cún le

小 李：我改过啊，可是我忘了我存没存了。

Xiao Li: Yes, I have. But I forgot whether I saved it or not.

Xiǎo Zhāng Hēi Nǐ kě zhēn xíng Nǐ bǎ nǐ gǎi guo de mì mǎ qiāo yí xià

小 张：嘿，你可真行。你把你改过的密码敲一下。

Xiao Zhang: Hey, what a good job you did! Now, just type in the password you have changed.

Xiǎo Lǐ Ǹg hǎo ba Wǒ zài shì yí xià
小 李：嗯，好吧。我再试一下……

Xiao Li：Well, okay. I'll try again.

Xiǎo Zhāng Bié wàng le bǎo cún
小 张：别忘了保存。

Xiao Zhang：Don't forget to save it.

Xiǎo Lǐ Hēi chéng le shàngqù le Hái zhēn shì de yē wǒ zěn me jiù wàng le bǎo cún xīn mì mǎ le ne Zhēn shi de
小 李：嘿，成了，上去了。还真是的耶，我怎么就忘了保存新密码了呢？真是的。

Xiao Li：Hey, I made it. I got on the Internet. You're right. How come I forgot to save the new password? Dear me!

词 汇 Vocabulary

对话 1

每天 méi tiān/every day

上网 shàngwǎng /surf the Internet; get/go on the Internet

申请 shēnqǐng /apply

宽带 kuāndài /Broadband

这样 zhèyàng /in this way

速度 sùdù /speed

比……快 bǐ……kuài /faster than

拨号 bō hào /dial-up

月 yuè /month

按小时包月 àn xiǎoshí bāo yuè/monthly payment according to the hours spent

每月　měi yuè /every month；monthly
小时　xiǎoshí /hour
最多　zuì duō /the most；at least
不计时　bú jì shí /unlimited time
可是　kěshì /but
已经　yǐjīng /already
上网卡　shàngwǎngkǎ /Internet card
下个月　xià ge yuè /next month
开始　kāishǐ /begin，start
改用　gǎi yòng /change to (use)
时间　shíjiān /time
长　cháng /long
用完　yòngwán /use up
有空儿　yǒu kōngr /have time；be free
跑一趟　pǎo yí tàng /go on an errand；run an errand；make a trip
放心　fàngxīn /set one's heart at rest (ease)
包在……身上　Bāo zài……shēn shàng /be on someone；to count on someone

对话 2

今天　jīntiān /today
慢　màn /slow
星期天　xīngqītiān /Sunday
有约会　yǒu yuēhuì /have a date
自己　zìjǐ /oneself
在家　zài jiā /at home
赶稿子　gǎn gǎozi /rush a report

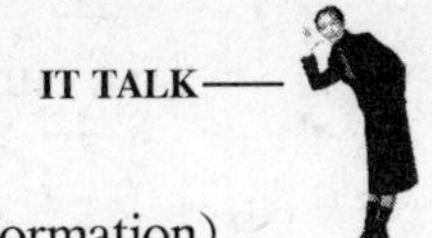

一些资料　yī xiē zīliào /some materials(information)
需要　xūyào /need
找一下　zhǎo yí xià /look for
不限时　bú xiànshí /unlimited time
包年　bāo nián /yearly (annual) payment
每年　měi nián /every year; yearly, annually
一共　yí gòng /all together
值　zhí /worth
下载　xiàzǎi /download
电影　diànyǐng /movie
看　kàn /watch, see, look
教　jiāo /teach
只知道　zhǐ zhīdào /only know
新闻　xīnwén /news
搜索引擎　sōusuǒ yǐnqíng /search engine
查找资料　cházhǎo zīliào /look for information
下次　xià cì /next time
女朋友　nǚpéngyou /girlfriend
吃好　chīhǎo /eat well
玩儿好　wánrhǎo /play well, have fun

对话 3

错误　cuòwù /mistake
用户名　yònghùmíng /user name
密码　mìmǎ /password, code
不相符　bù xiāngfú /not match
奇怪　qíguài /strange
搞错　gǎocuò /make a mistake

申请单　shēnqǐngdān /application form

副本　fùběn /copy

试试　shìshi /have a try

不对　bú duì /not right

改过　gǎiguo /(have) changed

忘了　wàng le /forgot

敲　qiāo /type

保存　bǎocún /save

相关用语 Relevant Expressions

Zài nǎr shēnqǐng kuāndài

◉ 在哪儿申请宽带?

Where can I apply for Broadband?

Wǒ xiǎng shàng

◉ 我想上ADSL。

I would like to connect ADSL.

Zài nǎr bàn shǒuxù

◉ 在哪儿办手续?

Where shall I go through the procedures?

Zài diànhuà yíngyètīng bàn shǒuxù

◉ 在电话营业厅办手续

Go through the procedures at the telecom operations office.

xiān tián biǎo

◉ 先填表

fill in the form first

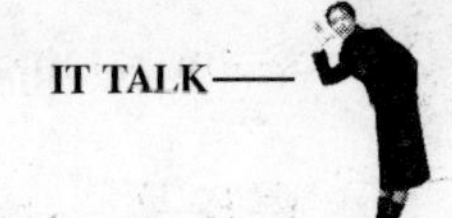

èrshísì xiǎo shí kāi tōng
◉ 24 小时开通

be connected within 24 hours

Měi yuè zài nǎr jiǎo fèi
◉ 每月在哪儿缴费？

Where should I pay every month?

Měi yuè gēn diàn huà fèi yì qǐ jiǎo
◉ 每月跟电话费一起缴。

It should be paid along with the monthly telephone fees.

Zài diàn huà yíng yè tīng huò yín háng dōu néng jiǎo fèi
◉ 在电话营业厅或银行都能缴费。

You can pay either at the telecom operations office or at any bank.

语言文化小贴士 Language Tips

“坐班”是指工作需要每天在办公室，没有特殊情况一般不允许外出的情况。像公司职员、行政人员、小学老师等一般需要坐班。“不坐班”是指全职工作不需要天天去办公室，只要把能够完成的任务完成就可以了，可以不定期地去办公室开会或者汇报之类的，像大学老师、报社记者等可以不坐班。

“Zuò bān ”（having office hours）refers to working at or being in the office every day. Usually one is not allowed to leave the office during office hours under normal circumstances, for example, office clerks, administrative personnel, and primary school teachers, usually have stipulated office hours. Meanwhile “bù

zuò bān”（not have office hours）is the opposite. It means that one doesn’t have to go to the office all or every day, but only needs to complete their given tasks. He or she may go for meetings elsewhere or report his or her work at the office irregularly, such as college or university teachers, journalists or reporters of a newspaper, press and so on.

练 习
Exercises

选择最适合的词填空。**Fill in the blanks with the most suitable word /phrase.**

1）我刚刚改了密码，但是忘了____了。

A. 取消　　B. 保存　　C. 断线

2）____个月的钱我已经交了，____个月的还没来得

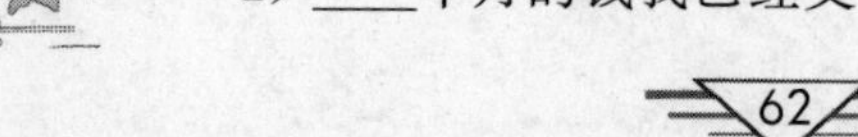

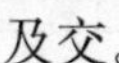

及交。

A. 上　　　　　　　　B. 这

3) ____锻炼是个好习惯。

A. 今天　　B. 天天　　C)每天

4) 我把我的邮箱____给忘了,今天一天都没登陆进去。

A. 地址　　B. 名称　　C 密码

5) 我____了新的帐户,但是____还没有办完。

A. 打听　B. 申请　C. 开始　D. 手续

6) 用电话____上网太慢了,但是宽带上网在这里还不是很普及。

A. 开通　　　　　　　B. 拨号

答案 Answer:

1) B　2) A; B　3) C　4) C　5) B/D　6) B

查看、收发邮件
Unit 5 Checking, Receiving & Sending Emails

必备用语 Key Expressions

- shōu yóujiàn
  收 邮件
  receive emails
- fā yóujiàn
  发 邮件
  send emails
- chákàn yóujiàn
  查看 邮件
  check emails
- Bǎ nǐ de dì zhǐ gào su wǒ
  把你的 email 地址告诉我。
  Tell me your email address.
- yòng shōu fā yóujiàn
  用XX收/发邮件
  use…to receive/send emails
- zhēn zháo jí
  真 着急

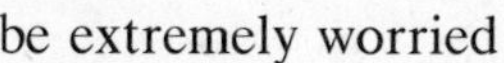

be extremely worried

Xí guàn le

◉ 习惯了

be used to

Méi yǒu xīn yóujiàn

◉ 没有新邮件

have no new emails

Yóuxiāng mǎn le

◉ 邮箱满了。

Mailbox is full.

情景对话
Situational Dialogues

（Xiao Zhang found something interesting online and wanted to send them to Xiao Li. He asks Xiao Li for his email address.）

1.

Xiǎo Zhāng Xiǎo Lǐ néng bǎ nǐ de dì zhǐ gào su wǒ yí xià ma Wǒ zhè lǐ yǒu xiē hǎo wánr de dōng xi xiǎng fā gěi nǐ kàn kan

小　张：小李，能把你的E-mail地址告诉我一下吗？我这里有些好玩儿的东西想发给你看看。

Xiao Zhang：Xiao Li, can you tell me your email address? I have something interesting to send to you.

Xiǎo Lǐ Xíng Wǒ míng zi de quán pīn

小　李：行。我名字的全拼，limoumou@sina.com。

Xiao Li：OK. Spell out all the letters of my name, lim-

oumou@sina.com.

Xiǎo Zhāng Nǐ píng shí yòng shén me shōu yóu jiàn a
小 张：你平时用什么收邮件啊？

Xiao Zhang: What do you usually use to receive emails?

Xiǎo Lǐ Wǒ yì bān yòng shōu Kě shì jué de yǒu shí hou tǐng màn de
小 李：我一般用Outlook express收。可是觉得有时候挺慢的。

Xiao Li: I usually use the Outlook express. But I think it is rather slow sometimes.

Xiǎo Zhāng Wǒ dōu yòng shōu nà ge ruǎn jiàn xiāng duì bǐ jiào xiǎo yùn xíng yě kuài Jiù shì shàng cì wǒ gěi nǐ tuī jiàn de nà ge yóu jiàn ruǎn jiàn shì yí ge Zhōng guó rén xiě de
小 张：我都用Foxmail收，那个软件相对比较小，运行也快。就是上次我给你推荐的那个邮件软件，是一个中国人写的。

Xiao Zhang: I use Foxmail. That software is relatively smaller, and runs faster. It is the email software I recommended to you last time. It was written by a Chinese.

Xiǎo Lǐ Ó wǒ yǐ jīng xià zài le ān zhuāng chéng xù jiù zài wǒ de diàn nǎo li
小 李：哦，我已经下载了安装程序，就在我的电脑里。

Xiao Li: Oh, I have already downloaded the installation program, right in my computer.

Xiǎo Zhāng Wǒ quàn nǐ zài zá zhì shè de shí hou bié yòng zhè ge yīn wèi rú guǒ nǐ cún zài gōng yòng pán shang shén me rén dōu néng
小 张：我劝你在杂志社的时候别用这个，因为如果你存在公用盘上，什么人都能

kàn jiàn nǐ de yóu jiàn nà kě bú tài hǎo
看见你的邮件,那可不太好。

Xiao Zhang: I think you shouldn't use it at the magazine publishing house because if you save it on public drive anyone can read your emails, which is not good.

Xiǎo Lǐ Hǎo nà wǒ qù zá zhì shè de shí hou jiù zhí jiē dēng lù wǎng zhàn kàn ba
小 李:好,那我去杂志社的时候就直接登录网站看吧。

Xiao Li: All right. I'll just go to the website directly when I'm at the publishing house.

Xiǎo Zhāng Nàyàng zuì hǎo le Yòng bú yòng wǒ bāng nǐ zhuāng
小 张:那样最好了。用不用我帮你装?

Xiao Zhang: That will be better. Do you need me to help you install it?

Xiǎo Lǐ Bú yòng wǒ dōu huì le Jiù bù má fan nǐ le
小 李:不用,我都会了。就不麻烦你了。

Xiao Li: No. I have mastered it, so I don't need to bother you.

Xiǎo Zhāng Xíng a nǐ xiǎo zi yě kuài chéng zhuān jiā le
小 张:行啊,你小子也快成专家了。

Xiao Zhang: Well, you are on your way to becoming an expert here.

2.

Xiǎo Lǐ Jīntiān wǒ de Xīnlàng yóuxiāng dēng lù bú shàng qù le
小 李:今天我的新浪邮箱登录不上去了。

Xiao Li: I can't access my Sina email account today.

Xiǎo Zhāng Wèi shén me ne
小 张:为什么呢?

Xiao Zhang: Why?

Xiǎo Lǐ Shuō shì fú wù qì máng Zhèng hǎo wǒ xiě gǎo zi yào yòng ge

小 李：说是服务器忙。正好我写稿子要用个

yóu xiāng li de zī liào zhēn zháo jí

邮箱里的资料，真着急。

Xiao Li: It said the server was busy. I needed to use some information in the mailbox for my report and I was really worried.

Xiǎo Zhāng Nà hòu lái nǐ zěnme bàn le a

小 张：那后来你怎么办了啊？

Xiao Zhang: What did you do then?

Xiǎo Lǐ Wǒ gěi tā men de kè fú dǎ diàn huà tā men gěi wǒ jiě shì

小 李：我给他们的客服打电话，他们给我解释

le bàn tiān wǒ yě bú shì hěn qīng chu

了半天，我也不是很清楚。

Xiao Li: I called their Customer Service and they explained a whole lot to me, but I still didn't fully understand.

Xiǎo Zhāng Dà gài yòng tā men yóu xiāng de rén tài duō le yào bù jiù

小 张：大概用他们邮箱的人太多了，要不就

shì tā men de fú wù qì bú tài wěndìng

是他们的服务器不太稳定。

Xiao Zhang: Perhaps too many people are using their mailbox services or their server is not very stable.

Xiǎo Lǐ Gēn yòng de rén duō yǒu guānxì ma

小 李：跟用的人多有关系吗？

Xiao Li: Does it have anything to do with the amount of people using it?

Xiǎo Zhāng Dāng rán yǒu le bǐ rú shuō tóng shí yǒu shí wàn ge rén dēng

小 张：当然有了，比如说同时有10万个人登

lù yóu xiāng chá kàn yóu jiàn hé tóng shí zhī yǒu shí ge rén

录邮箱查看邮件，和同时只有10个人

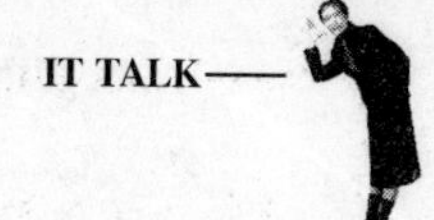

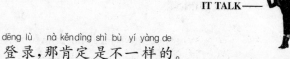

dēng lù nà kěndìng shì bù yí yàng de
登录，那肯定是不一样的。

Xiao Zhang：Of course. For example，it is definitely different if 100，000 people get on the website to check their emails at the same time than if only 10 people are getting on the website.

Xiǎo Lǐ ò ài zǎo zhī dào wǒ jiù ná wǒ de pán qù le
小　李：哦，唉，早知道我就拿我的U盘去了。

Xiao Li：Oh，sigh，if I'd known earlier，I would have taken my USB drive with me.

3.

Xiǎo Zhāng Wǒ jiàn yì nǐ a duō zhù cè jǐ ge yóu xiāng wàn yī zhè
小　张：我建议你啊，多注册几个邮箱，万一这
ge bù néng yòng le hái kě yǐ yòng nà ge
个不能用了，还可以用那个。

Xiao Zhang：I suggest you register a few other email accounts in case one fails to work，then you can still use the other ones.

Xiǎo Lǐ Wǒ jiù shì shǐ Xīnlàng de shǐ xí guàn le Nǐ jué de hái yǒu
小　李：我就是使新浪的使习惯了。你觉得还有
nǎ ge yóuxiāng fú wù de bǐ jiào hǎo a
哪个邮箱服务得比较好啊？

Xiao Li：I'm used to Sina's email. What other email providers do you think is better?

Xiǎo Zhāng de yīng gāi dōu bú cuò Yóu qí
小　张：Hotmail，Yahoo的应该都不错。尤其
shì de nǐ zhù cè le zhī hòu hái kě yǐ miǎn
是Hotmail的，你注册了之后还可以免
fèi shǐyòng tā de
费使用它的MSN。

Xiao Zhang：Hotmail and Yahoo should be all right，

especially Hotmail. After you register with them, you can use their MSN for free.

Xiǎo Lǐ shì shénme a
小 李：MSN是什么啊？

Xiao Li：What's MSN?

Xiǎo Zhāng Nǐ kě zhēn tǔ lián zhè ge dōu bù zhī dào Tā shì zài xiàn liáortiānr de gōng jù a
小 张：你可真土，连这个都不知道。它是在线聊天儿的工具啊。

Xiao Zhang：You don't even know what it is? You are really rustic. It is a tool for online chatting.

Xiǎo Lǐ Wǒ zhè me máng yí shàngwǎng jiù yǒu shì qing nǎ yǒu kōng liáotiānr a
小 李：我这么忙，一上网就有事情，哪有空聊天儿啊！

Xiao Li：I have so many things to do whenever I get on the Internet that I don't have any time to chat.

Xiǎo Zhāng Nà nǐ hé guó wài de péngyou zěn me lián xì a
小 张：那你和国外的朋友怎么联系啊？

Xiao Zhang：How do you contact your friends abroad then?

Xiǎo Lǐ Bù zháo jí de shíhou jiù fā yǒu jí shì de shíhou jiù dǎ guó jì chángtú le
小 李：不着急的时候就发E-mail，有急事的时候就打国际长途了。

Xiao Li：I'll send an email when it's not urgent or make a long-distance call when it's urgent.

Xiǎo Zhāng Nǐ yǒu le nà ge hái kě yǐ zài xiàn shì pín liáo tiānr ne
小 张：你有了那个，还可以在线视频聊天儿呢。

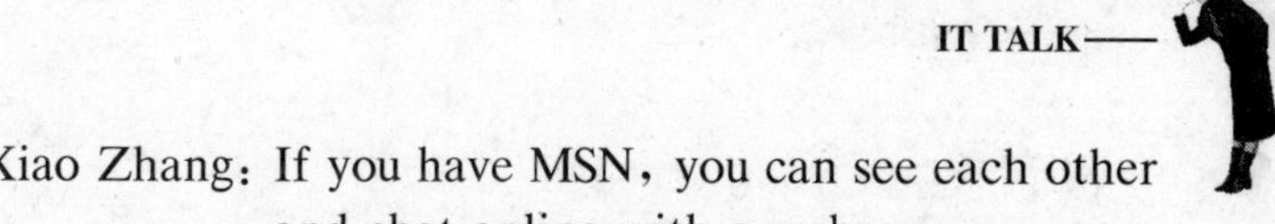

Xiao Zhang：If you have MSN，you can see each other and chat online with a webcam.

Xiǎo Lǐ Shì ma Nà wǒ děi gǎn jǐn shēnqǐng yí ge qù
小 李：是吗？那我得赶紧申请一个去。

Xiao Li：Really? Then I'd better apply for one fast!

词 汇 Vocabulary

对话 1

地址 dìzhǐ/address

告诉 gàosu/tell

有些 yǒu xiē/some

东西 dōngxi/thing，stuff

发给 fā gěi/send

名字 míngzi/name

全拼 quánpīn/spell out all the letters

平时 píngshí/ordinarily

收邮件 shōu yóujiàn /receive emails

觉得 juéde/feel，think

相对 xiāngduì/relatively

比较小 bǐjiào xiǎo /rather small

运行 yùnxíng/run

快 kuài/fast

上次 shàng cì/last time

写 xiě/write

杂志社 zázhìshè/magazine publishing house

如果 rúguǒ/if

公用盘　gōngyòng pán/public drive
(电子)邮件　(diànzǐ) yóujiàn /email, mail
公司　gōngsī /company
直接　zhíjiē /direct
登录　dēnglù /get on, visit
网站　wǎngzhàn /wetsite
专家　zhuānjiā /expert

对话 2

新浪　Xīnlàng /Sina
服务器　fúwùqì /server
忙　máng /busy
正好　zhènghǎo /right time, on the beam
稿子　gǎozi /report, article
资料　zīliào /information, materials
着急　zháojí /worry
客服　kèfú /customer service
打电话　dǎ diànhuà /call
解释　jiěshì /explain
清楚　qīngchu /clear
大概　dàgài /perhaps, maybe, about
稳定　wěndìng /stable
关系　guānxì /relation
同时　tóngshí /at the same time; simultaneously
查看　chákàn /check
肯定　kěndìng /definite
拿　ná /take
U盘　U pán /USB (thumb) drive

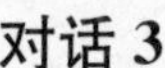

对话 3

建议　jiànyì /suggest

注册　zhùcè /register

几个　jī gè /several

万一　wànyī /in case (of)

使　shǐ /make, cause

习惯了　xíguàn le /be used to

服务　fúwù /service

尤其　yóuqí /especially

免费　miǎnfèi /free

使用　shǐyòng /use

土　tǔ /unrefined, crude, rustic

连　lián /even

在线聊天儿　zàixiàn liáotiānr /online chatting

工具　gōngjù /tool

有空　yǒu kōng /have time; be free

聊天儿　liáotiānr /chat

国外的　guówài de /abroad, overseas

联系　liánxì /contact

急事　jí shì /urgent matter

打国际长途　dǎ guójì chángtú /make an international (long-distance) call

在线视频　zàixiàn shìpín /online webcam

赶紧　gǎnjǐn /hurry, rush

相关用语
Relevant Expressions

yóujiàn fā bù chū qù
◉ 邮件发不出去
fail to send an email

yóujiàn bèi tuì huí
◉ 邮件被退回
email did not go through

Zhè ge dì zhǐ duì ma
◉ 这个地址对吗?
Is this the right address?

zài fā yí cì
◉ 再发一次
send it again

yóujiàn dǎ bù kāi
◉ 邮件打不开
unable to access email

fù jiàn
◉ 附件
attached file

wàng le tiē fù jiàn
◉ 忘了贴附件
forget to attach file

zhuǎn fā
◉ 转发
forward

huí fù
◉ 回复
reply

Bú yào dǎ kāi mòshēng rén jì lái de fù jiàn
◉ 不要打开陌生人寄来的附件。
Don't open attached files from strangers.

xiǎo xīn bìng dú yóu jiàn
◉ 小心病毒邮件
Be aware of virus infected emails

shān chú kě yí wén jiàn
◉ 删除可疑文件
delete (wipe out) suspicious files

chá dú
◉ 查毒
check for viruses; virus check

shā dú
◉ 杀毒
disinfect virus; anti-virus

lā jī yóu jiàn
◉ 垃圾邮件
junk mails

语言文化小贴士 Language Tips

1.“唉”、“咳”都是表示感叹的语气词,一般表示可惜,后悔等感情色彩。

“Ài” and “hāi” are exclamation expressions, usually used to express a feeling of pity or regret.

2."土" 是指乡下人没有见过什么世面,用于形容某人对新事物不了解、不知道,像农村人一样。

"Tǔ" (unrefined, rustic) refers to a country bumpkin who hasn't seen much of the world. It is used to describe someone who knows nothing about new things, just like a country bumpkin.

"新浪",英文名"sina"(www.sina.com.cn),是中国最大的 ICP(网络内容服务商)之一,同时提供邮件服务,在线聊天等多元化的服务,其新闻更新速度非常快,网民涵盖了中国大部分网民。

"Xīnlàng", known as Sina (www.sina.com.cn) in English, is one of China's largest ICP-Internet Content Provider, providing email, online chat, and all kinds of internet services. Its fast and vast news coverage attracts netizens (internet users) from all over China.

练 习
Exercises

1. 选择最适合的词填空。Fill in the blanks with the most suitable phrase given.

1) ____网站后才能进行注册。

A. 登录　　B. 攀登　　C. 开始

2) 他在用 msn 和国外的朋友在线____。

A. 吃喝　　B. 聊天儿　C. 购物

2. 连接相关词汇。Match the words /phrases in Column A with those in Column B.

A1 登陆	B1 程序
A2 注册	B2 网站
A3 运行	B3 邮箱
A4 打	B4 电话

答案 Answer:

1.

1) A　2) B

2.

A1-B2　A2-B3　A3-B1　A4-B4

网络商城与在线购物

Unit 6 Online Shopping

必备用语 Key Expressions

Zài Dāngdāngwǎng mǎi guo shū ma
◉ 在当当网买过书吗?
Have you ever bought books from Dangdang website?

dǎ de zhé kòu tǐngduō de
◉ 打的折扣挺多的
have a lot of discount

Tǐng pián yi de
◉ 挺便宜的
very cheap

Hǎo jiǔ dōu méi qù le
◉ 好久都没去了
haven't been there for a long time

jīngcháng yǒu zhé kòu
◉ 经常有折扣
often have discounts (sales)

nà dāng rán
◉ 那当然
of course

huò dào fù kuǎn
◉ 货到付款
Cash on delivery (COD)

Wǒ zhī dào le
◉ 我知道了。
I got it.

Yào fāpiào ma
◉ 要发票吗?
Would you like an invoice?

情景对话 Situational Dialogues

(After dinner, Xiao Zhang and Xiao Li talks about buying books from the Internet.)

1.

Xiǎo Zhāng Duì le nǐ zài Dāngdāngwǎng mǎi guo shū ma
小 张:对了,你在当当网买过书吗?
Xiao Zhang: Oh, have you ever bought books from Dangdang website?

Xiǎo Lǐ Méi yǒu bù guò wǒ zài Zhuō yuè wǎng shang mǎi guo hái guàng guo Xīn làng hé Sōu hú de zàixiàn shāngchéng
小 李:没有,不过我在卓越网上买过,还逛过新浪和搜狐的在线商城。
Xiao Li: No, but I've bought books from Joyo website, and visited the online shopping sites of Sina and Sohu.

Xiǎo Zhāng Hǎoxiàng dāngdāng mài de shū dǎ de zhé kòu tǐng duō de
小 张:好像当当卖的书打的折扣挺多的。
Xiao Zhang: It seems books sold on Dangdang website have more discounts.

Xiǎo Lǐ Shì ma Nǐ zài nàr mǎi guo shū ma

小 李：是吗？你在那儿买过书吗？

Xiao Li：Really? Have you bought books there?

Xiǎo Zhāng Mǎi guo nǐ kàn zhè běn shū jiù shì bā zhé tǐng pián yi de ba Ér qiě dì èr tiān jiù gěi wǒ sòng huò le

小 张：买过，你看这本书就是，八折，挺便宜的吧。而且第二天就给我送货了。

Xiao Zhang：Yes. You see this book was 20 percent off. Pretty cheap, huh? And they had it delivered to me the next day.

Xiǎo Lǐ Nà hái zhēn shì tǐng kuài de Wǒ jīng cháng zài Zhuō yuè wǎng shang mǎi shū hái shì huìyuán ne Bú guò wǒ chōukōng yě kě yǐ qù kàn kan

小 李：那还真是挺快的。我经常在卓越网上买书，还是VIP会员呢！不过我抽空也可以去看看。

Xiao Li：That was pretty fast. I often buy books from Joyo website, and I'm a VIP member. But I can make time to check out the Dangdang website.

Xiǎo Zhāng Xīnlàng hé Sōu hú de zàixiàn shāngchéng wǒ dōu hǎo jiǔ méi qù le yě bù zhī dào zěn me yàng le hǎo bu hǎo

小 张：新浪和搜狐的在线商城我都好久没去了，也不知道怎么样了，好不好？

Xiao Zhang：I haven't been on the online shopping sites of Sina and Sohu for a long time, and I don't know how it is now. Is it good?

Xiǎo Lǐ Dōng xi bù shǎo yě jīngcháng dǎ zhé ne

小 李：东西不少，也经常打折呢。

Xiao Li：There are quite a lot of merchandises, and they give discounts quite often.

Xiǎo Zhāng Yǒu wǎng jiù shì fāngbiàn a
小　张：有网就是方便啊。

Xiao Zhang: Internet makes things easier.

Xiǎo Lǐ Nà dāng rán
小　李：那当然。

Xiao Li: You can say that again.

(The next day)

2.

Xiǎo Lǐ Wǒ jīn tiān shàng Dāngdāng kàn le yí xià pǐn zhǒng hái zhēn shì duō bù guāng shì shū hái yǒu hǎo duō shén me de
小　李：我今天上当当看了一下，品种还真是多，不光是书，还有好多DVD什么的。

Xiao Li: I have browsed through the Dangdang website. There are a lot of varieties, not only books, but a lot of DVDs, etc.

Xiǎo Zhāng Duì a nǐ nà me xǐ huan mǎi pán kě yǐ cóng nà lǐ tou tiāotiao dōu shì zhèngbǎn de
小　张：对啊，你那么喜欢买盘，可以从那里头挑挑，都是正版的。

Xiao Zhang: Right. You love to buy disks so that you can choose some from it. They are all original.

Xiǎo Lǐ Zhù cè dào bú shì hěn má fan dàn shì wǒ néng bu néng zhí jiē zài wǎngshang yòng xìn yòng kǎ zhī fù ne
小　李：注册倒不是很麻烦，但是我能不能直接在网上用信用卡支付呢？

Xiao Li: Registration is not difficult, but can I pay with a credit card directly on the Internet?

Xiǎo Zhāng Wǒ yì bān dōu shì huò dào fù kuǎn bú yòng zài xiàn zhī fù gōngnéng Nǐ xiǎng děng tā men bǎ dōng xi sòng lái nǐ
小　张：我一般都是货到付款，不用在线支付功能。你想，等他们把东西送来，你

jué de méi wèn tí zài fù qián zhè yàng gèng bǎo xiǎn yīn wèi
觉得没问题再付钱，这样更保险，因为
bù mǎn yì hái kě yǐ tuì huò ràng tā men ná huí qù
不满意还可以退货，让他们拿回去。

Xiao Zhang：I usually do cash on delivery, and not use the online payment function. I think it's safer to pay only when they deliver the products to me, because if you are not satisfied with the products, you can ask them to take it back.

Xiǎo Lǐ Nà dào shì yě bú cuò bú guò wǒ jīng cháng chū qù cǎi fǎng
小 李：那倒是也不错，不过我经常出去采访，
wǒ ràng tā men sòng dào nǎr hé shì ne
我让他们送到哪儿合适呢？

Xiao Li：That is true. But I often go out for interviews, so where shall I ask them to deliver to?

Xiǎo Zhāng Nǐ mā ma bú shì tuì xiū le ma Yào bù ràng tā men sòng
小 张：你妈妈不是退休了吗？要不让他们送
dào nǐ mā ma jiā Yào bù sòng dào wǒ de gōng sī yě
到你妈妈家。要不送到我的公司也
chéng wǒ tì nǐ shōu zhe huí lái gěi nǐ
成，我替你收着，回来给你。

Xiao Zhang：Isn't your mother retired? You can ask them to deliver to your mother's place, or deliver it to my company, and I'll receive it for you and give it to you later.

Xiǎo Lǐ Zhè shì ge hǎo zhǔ yi Bú guò yào má fan nǐ le
小 李：这是个好主意。不过要麻烦你了。

Xiao Li：That's a good idea. But I'll have to bother you again.

Xiǎo Zhāng Bù má fan bǎ nǐ mǎi de pán jiè gěi wǒ kàn kan jiù chéng le hā hā
小 张：不麻烦，把你买的盘借给我看看就成了，哈哈。

Xiao Zhang: Not at all. Just lend me the disks you bought. Huh, huh…

(One afternoon, Xiao Li calls Xiao Zhang.)

3.

Xiǎo Lǐ Wèi Xiǎo Zhāng a Wǒ shì Xiǎo Lǐ
小 李：喂，小张啊。我是小李。

Xiao Li: Hello, is this Xiao Zhang? This is Xiao Li.

Xiǎo Zhāng Shén me shì
小 张：什么事？

Xiao Zhang: What's up?

Xiǎo Lǐ Wǒ jīn tiān zài Dāng dāng mǎi le yì běn shū hé liǎng tào DVD, yí tào shì 《Sex and the City》 hái yǒu yí tào shì 《Friends》
小 李：我今天在当当买了一本书和两套DVD，一套是《Sex and the City》还有一套是《Friends》

Xiao Li: I bought a book and two sets of DVDs from Dangdang website today. One set of DVD is *Sex and the City*, the other is a set of *Friends*.

Xiǎo Zhāng Ǹg Ǹg
小 张：嗯……嗯……

Xiao Zhang: Hum, hum…

Xiǎo Lǐ Wǒ liú de shì nǐ gōng sī de dì zhǐ ràng tā men jīn tiān jiāo gěi nǐ
小 李：我留的是你公司的地址，让他们今天交给你。

Xiao Li: I left the address of your company to them,

and asked them to deliver to you today.

Xiǎo Zhāng Chéng wǒ zhī dào le Shū yì bān bú huì yǒu wèn tí pán
小 张：成，我知道了。书一般不会有问题，盘
wǒ bāng nǐ kàn kan yǒu wèn tí jiù ràng tā men ná huí qù
我帮你看看，有问题就让他们拿回去。

Xiao Zhang: OK. I got it. There is usually no problem with the books. I'll check the disks for you. If there is any problem, I'll let them take it back.

Xiǎo Lǐ Hǎo de yí gòng shì èrbǎi sìshí kuài qián hán wǔ kuài qián yùn
小 李：好的，一共是 240 块钱，含 5 块钱运
fèi Nǐ xiān bāng wǒ diànshang huí tóu gěi nǐ
费。你先帮我垫上，回头给你。

Xiao Li: All right. It's 240 yuan all together, including 5 yuan freight. Please pay for me and I'll repay you later.

Xiǎo Zhāng Hǎo de wǒ wǎn shang xià bān gěi nǐ dài huí qù Hái yǒu
小 张：好的，我晚上下班给你带回去。还有
a nǐ mǎi de shì shén me shū
啊，你买的是什么书？

Xiao Zhang: OK. I'll bring them back to you after work in the evening. By the way, what book did you buy?

Xiǎo Lǐ Wǎngluò guǎnggào de qǐ yuán
小 李：《网络广告的起源》。

Xiao Li: *Origins of Network Ads*.

Xiǎo Zhāng Nǐ hái yán jiū zhè ge ne
小 张：你还研究这个呢？

Xiao Zhang: You study this, too?

Xiǎo Lǐ Suí biàn kàn kan
小 李：随便看看。

Xiao Li: Just browsing.

Xiǎo Zhāng Nǐ gēn tā men yào fāpiào le ma
小 张：你跟他们要发票了吗？
Xiao Zhang: Did you ask for an invoice?

Xiǎo Lǐ Yào le nǐ yě yì qǐ tì wǒ shōu le ba
小 李：要了，你也一起替我收了吧。
Xiao Li: Yes. Please take it for me.

Xiǎo Zhāng Méi wèn tí
小 张：没问题。
Xiao Zhang: No problem.

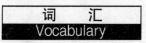

对话 1

当当网 Dāngdāngwǎng /Dangdang website
书 shū /book
卓越网 Zhuōyuèwǎng /Joyo website
逛 guàng /stroll
搜狐 Sōuhú/Sohu website
在线商城 zàixiàn shāngchéng /online shopping
折扣 zhékòu /discount
送货 sòng huò /deliver goods
会员 huìyuán /member
抽空 chōnkòng /make time
好久 hǎojiǔ /long time
打折 dǎzhé /give discount; on sale
方便 fāngbiàn /convenient; convenience

对话 2

品种　pǐnzhǒng /variety

挑　tiāo /choose, pick

信用卡　xìnyòngkǎ /visa card

支付　zhīfù /pay

货到付款　huò dào fù kuǎn /Cash on delivery (COD)

在线支付功能　zàixiàn zhīfù gōngnéng /online payment function

付钱　fù qián /pay

保险　bǎoxiǎn /insurance

不满意　bù mǎnyì /unsatisfied

退货　tuìhuò /return merchandise or goods

采访　cǎifǎng /interview

合适　héshì /suitable, fit

退休　tuìxiū /retire

公司　gōngsī /company

替……收着　tì…shōuzhe /keep. . . for

回来　huílái /back

好主意　hǎo zhǔyi /good idea

借　jiè /lend, borrow

对话 3

套　tào /set

留　liú /leave

运费　yùnfèi /freight

垫(付)　diàn(fù)/to pay for sb. first and expect to be repaid later

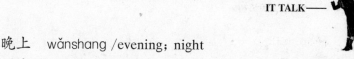

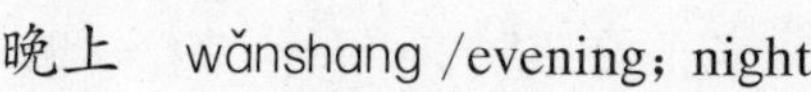
晚上　wǎnshang /evening；night

下班　xià bān /off work；off duty

带　dài /bring，take

研究　yánjiū /study，research

随便　suíbiàn /as one likes；suit oneself

发票　fāpiào /invoice

相关用语
Relevant Expressions

gòu wù chē
◉ 购物车
shopping cart

yōuhuìquàn
◉ 优惠券
discount coupon

yōu huì qī xiàn
◉ 优惠期限
discount period

Nǐ yǒu yōu huì quàn ma
◉ 你有优惠券吗？
Have you got any discount coupons?

qù shōu yín tái
◉ 去收银台
go to the cashier

jì xù gòu wù
◉ 继续购物
continue to shop

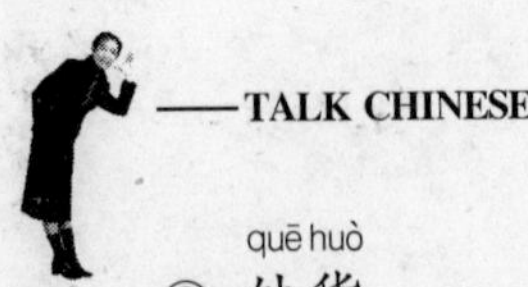

quē huò
◉ 缺货
out of stock

duàn huò
◉ 断货
out of stock

语言文化小贴士
Language Tips

“八折”，指收取80%的费用，也就是20%的优惠。中国的折扣是按照10来计算的。

“Bā zhé” refers to charging 80 percent of the total cost, which is equivalent to giving 20 percent discount. In China a discount is given based on units of 10.

网站导航 Meshwork navigation

"搜狐"英文名"sohu"(www. sohu. com. cn)是中国最早的ICP(网络内容服务商)之一,和新浪、网易、tom并称中国前四大网站。

"Sōuhú", known as Sohu website (www. sohu. com.cn), is one of the earliest ICP in China. Sohu, Together with Sina, Net Ease, and TOM, are referred to as the four major websites of China.

练　习 Exercises

选择最适合的词填空。Fill in the blanks with the most suitable words /phrase given.

1) 这个东西太贵了,能____不?

A. 用　　B. 卖　　C. 打折

2) 我的____卡是中国银行的。

A. 信使　　B. 信用　　C. 信件

3) 买完了东西别忘了跟销售人员要____。

A. 发票　　B. 支票　　C. 汇票

答案 Answer:

1) C　2) B　3) A

网上开店
Unit 7 Starting an Online Shops

必备用语
Key Expressions

kāi diàn
◉ 开店
open a shop (store)

Mài shén me dōng xi
◉ 卖什么东西?
Selling what?

Kāi diàn miǎn fèi ma
◉ 开店免费吗?
Is it free to open a shop?

Néng zhuànqián ma
◉ 能赚钱吗?
Does it make money?

méi rén mǎi
◉ 没人买
nobody buys

rén qì wàng
◉ 人气旺
popular

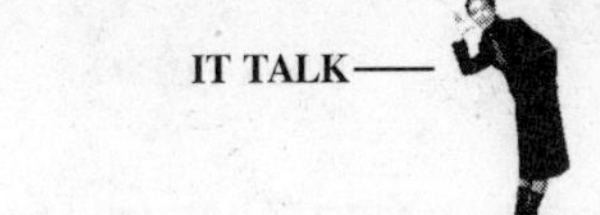

Mài le duōshao qián
◉ 卖了多少 钱?
How much was it sold for?

Qǐng nǐ chī fàn
◉ 请你吃饭
treat you to dinner

Shéi shuō bú shì ne
◉ 谁 说不是呢?
No doubt.

Tuì huò
◉ 退货
return merchandise or goods

情景对话 Situational Dialogues

(At the weekend, Xiao Li treats Xiao Zhang to dinner. Xiao Zhang mentions his small store on the Internet.)

1.

Xiǎo Zhāng Wǒ zài Táobǎowǎng shang kāi le ge xiǎodiàn
小 张:我在淘宝网 上 开了个小店。
Xiao Zhang: I opened a small store on Taobao website.

Xiǎo Lǐ Táobǎowǎng shì shén me
小 李:淘宝网是什么?
Xiao Li: What's Taobao website?

Xiǎo Zhāng Táobǎowǎng shì yí gè zhuān mén wèi gè rén zài wǎng shang mài dōng xi de wǎng zhàn ā wǎng zhǐ shì
小 张:淘宝网是一个专门为个人在网上卖东西的网站啊,网址是 www.taobao.com。

Xiao Zhang: Taobao website is a special website for people to sell things on the Internet. Its website is www.taobao.com

Xiǎo Lǐ　Kāi diàn miǎn fèi ma
小　李：开店免费吗？

Xiao Li: Is it free to open the stores?

Xiǎo Zhāng　Miǎn fèi de　nǐ zhù cè gè rén diàn pù hòu jiù kě yǐ bǎ zì jǐ méi yòng de dōng xi fàng zài shàng tou mài le
小　张：免费的，你注册个人店铺后就可以把自己没用的东西放在上头卖了。

Xiao Zhang: It's free. After you register a private store, you can sell things that you don't use any more on it.

Xiǎo Lǐ　Néng zhuànqián ma
小　李：能赚钱吗？

Xiao Li: Does it make money?

Xiǎo Zhāng　Yǒu rén tōngguò kāi wǎngshang xiǎodiàn zhuànqián le　Wǒ kě bù chéng　Wǒ jiù mài diǎnr　zì jǐ méiyòng de shū a pán a shénme de
小　张：有人通过开网上小店赚钱了，我可不成。我就卖点儿自己没用的书啊，盘啊什么的。

Xiao Zhang: Some people made money by opening stores on the Internet, but I can't. I only sell my used books, disks and so on.

Xiǎo Lǐ　Nà yǒu rén mǎi ma
小　李：那有人买吗？

Xiao Li: Are there any buyers?

Xiǎo Zhāng　Kāi shǐ méi rén mǎi　hòu lái jiù yǒu rén mǎi le　Xiànzài rén qì tǐng wàng de
小　张：开始没人买，后来就有人买了。现在人气挺旺的。

Xiao Zhang: In the beginning nobody is interested, but slowly, more people are buying. Now it's very popular.

Xiǎo Lǐ Ó nà zhènghǎo wǒ méiyòng de shū yě gěi nǐ mài ba
小 李：哦，那正好，我没用的书也给你卖吧。

Xiao Li: Oh, that's great. I have some old books for you to sell.

Xiǎo Zhāng Hǎo wa
小 张：好哇！

Xiao Zhang: Oh, good.

2.

Xiǎo Lǐ Jīn tiān qǐng nǐ chī fàn wǒ mài le yí ge dà jiàn
小 李：今天请你吃饭，我卖了一个大件。

Xiao Li: I'll treat you to dinner today. I sold a big item.

Xiǎo Zhāng Nǐ bǎ shénme mài le
小 张：你把什么卖了？

Xiao Zhang: What did you sell?

Xiǎo Lǐ Wǒ bǎ wǒ de jiù xiǎn shì qì mài le
小 李：我把我的旧显示器卖了。

Xiao Li: I sold my old monitor.

Xiǎo Zhāng Nǐ mài le duōshaoqián a
小 张：你卖了多少钱啊？

Xiao Zhang: How much did you sell it for?

Xiǎo Lǐ Wǒ liǎngqiān duō mǎi de mài le wǔbǎi duō
小 李：我 2000 多买的，卖了500多。

Xiao Li: I spent more than 2,000 to buy it, and sold it for over 500.

Xiǎo Zhāng ǎ
小 张：啊？

Xiao Zhang: Yikes?

Xiǎo Lǐ Bú cuò le yào shì mài gěi èr shǒu diàn nǎo diàn dǐng duō èrbǎi
小　李：不错了，要是卖给二手电脑店，顶多200。
zhè ge xiǎn shì qì xiàn zài bù zhí qián le
这个显示器现在不值钱了。

Xiao Li: It's not bad. I can get at most 200 if I were to sell it to a second-hand computer shop. This monitor is obsolete now.

Xiǎo Zhāng Shì ma
小　张：是吗？

Xiao Zhang: Really?

Xiǎo Lǐ Kě bú shì ma Wǒ dǎ suàn tiān diǎnr qián mǎi yí ge hǎo
小　李：可不是吗。我打算添点儿钱，买一个好
yì diǎnr de yè jīng xiǎn shì qì
一点儿的，液晶显示器。

Xiao Li: Yes, of course. I plan to add some money and buy a better one, an LCD.

Xiǎo Zhāng Shì ma Nǐ mǎi shénme pái zi de a
小　张：是吗？你买什么牌子的啊？

Xiao Zhang: Really? What brand would you like to buy?

Xiǎo Lǐ Hái méi xiǎng hǎo ne
小　李：还没想好呢。

Xiao Li: I haven't decided yet.

(Xiao Li got inspiration from Xiao Zhang, and decided to open a small store on the Internet.)

3.

Xiǎo Lǐ Zì jǐ kāi diàn zhēn fèi jìn a Wǒ kě zhī dào dāng lǎo bǎn
小　李：自己开店，真费劲啊。我可知道当老板
de zī wèi le bù róng yì a
的滋味了，不容易啊！

Xiao Li: It really needs great efforts to open a store by

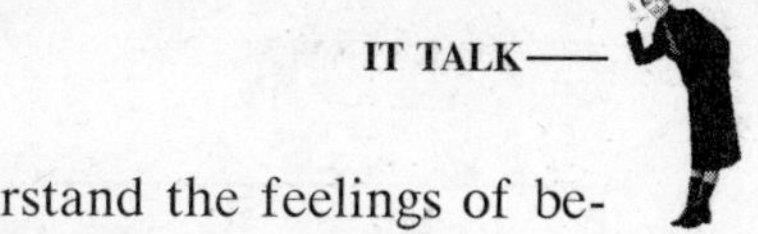

oneself. Now I understand the feelings of being a boss, not very easy.

Xiǎo Zhāng Nǐ de xiǎo diàn yǒu wèn tí le
小　张：你的小店有问题了？

Xiao Zhang: What's wrong with your store?

Xiǎo Lǐ Wǒ mài le yí ge shǔ biāo dàn shì mǎi de rén shuō tā shōu dào de shí hou shì huài de yāo qiú tuì huò
小　李：我卖了一个鼠标，但是买的人说他收到的时候是坏的，要求退货。

Xiao Li: I sold a mouse, but the buyer said it was broken when he received it, and he asked to return it.

Xiǎo Zhāng Nà nǐ zěn me bàn a
小　张：那你怎么办啊？

Xiao Zhang: What did you do then?

Xiǎo Lǐ Wǒ jì gěi tā de shí hou míngmíng shì hǎo de tā rú guǒ fēi yào tuì de huà wǒ zhǐ hǎo ràng tā gěi wǒ jì huí lái lou
小　李：我寄给他的时候明明是好的，他如果非要退的话我只好让他给我寄回来喽。

Xiao Li: The one I sent him was definitely a good one. But if he insists on returning it, I'll have to let him to send it back.

Xiǎo Zhāng Zhēn dǎo méi
小　张：真倒霉。

Xiao Zhang: Bad luck.

Xiǎo Lǐ Shéi shuō bú shì ne
小　李：谁说不是呢？

Xiao Li: Surely is.

词　汇
Vocabulary

对话 1

淘宝网　Táobǎowǎng /Taobao wetsite

开店　kāi diàn /open a shop

专门　zhuānmén /specially

个人　gèrén /personal, private

网站　wǎngzhàn /website

网址　wǎngzhǐ /website address

个人店铺　gèrén diànpù /private store

没用的　méi yòng de /useless

放……上头　fàng…shàngtou /put...on

赚钱　zhuàn qián /make money

通过　tōngguò /through, by

开始　kāishǐ /begin

后来　hòulái /later

人气　rénqì /popular, publicity

旺　wàng /high, prosperous

对话 2

请……吃饭　qǐng…chī fàn /treat...to dinner

大件　dà jiàn /big commodity

二手　èr shǒu /second hand

电脑店　diànnǎodiàn /computer shop

不值钱　bù zhíqián /worthless

打算　dǎsuàn/plan on

添点儿钱　tiān diǎnr qián /add some money

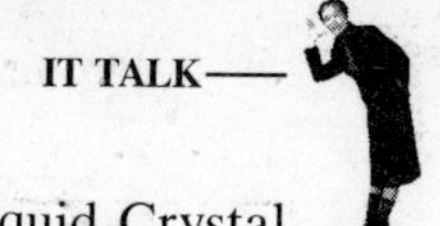

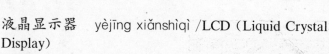

液晶显示器　yèjīng xiǎnshìqì /LCD（Liquid Crystal Display）

对话 3

费劲　fèijìn /need great effort

老板　lǎobǎn /boss

滋味　zīwèi /flavor，feeling

鼠标　shǔbiāo /mouse

坏的　huài de /broken，bad

要求　yāoqiú /require，ask，request

寄给他　jì gěi tā /send to him by mail

明明　míngmíng /obviously，clearly

非要……的话　fēiyào…dehuà /if really want...

寄回来　jì huílái /send back

倒霉　dǎoméi /bad luck

相关用语 Relevant Expressions

◉ 二手货 (èr shǒu huò)
second-hand goods

◉ 送货 (sòng huò)
deliver goods

◉ 发货 (fā huò)
send out goods

◉ 到货 (dào huò)

goods arrive

chù lǐ shāng pǐn
◉ 处理 商 品
sell goods at reduced prices; clear out

jiù huò
◉ 旧货
old goods

xīn huò
◉ 新货
new goods

语言文化小贴士
Language Tips

1. 二手

这里的二手,可不是指两只手,而是已经使用过的东西,再转让给别人。注意别与两手混淆在一起。二手后面通常跟名词,如二手车、二手货;而两手表示"本领或技能"一般前面跟动词,例如:

"Èr shǒu" (second-hand) here doesn't mean two hands, but refers to used things or goods transferred to others. Take note not to mistake it with "liǎng shǒu" (two hands). "Èr shǒu" is often followed with a noun, such as èr shǒu chē, Èr shǒu huò; while "liǎng shǒu" means "ability or skill", and is often used after a verb. For example,

(1) 你真有两手,一下就把这笔生意搞定了。

You are very capable. You settled the business just like that.

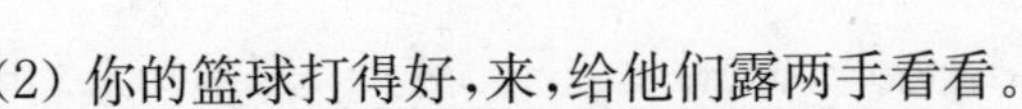

(2) 你的篮球打得好,来,给他们露两手看看。

You play the basketball very well. Come on, show them some of your skills.

你的篮球打得好,
来,给他们露两
手看看。
好的,
没问题!

2. 生意经

提到生意一定少不了买、卖这两个字,人做生意就是要赚钱,要赢利,谁也不想赔钱,做亏本的买卖。生意经不好念,没有两下子,最好干点儿别的吧。

Buying and selling are important words in business. Everyone in business wants to make money and earn profits. Who would want to lose money in business? It's not easy to run a business. If one doesn't have the ability, he or she had better do something else.

网站导航
Meshwork navigation

"淘宝"(www. taobao. com)是北京一家专门从事 C-C 电子商务的网站,供网民在其网站上开设网络商店。

"Táobǎo" (www.taobao.com) is a website in Beijing that specializes in C-C (consumer to consumer) e-commerce web services, where netizens (internet users) can set up their own online store.

练 习 Exercises

1. 把下列意思相反的词语连接起来。Link the words/phrases Column A with their opposite meanings in Column B.

A1 免费	B1 减
A2 二手	B2 全新
A3 赚钱	B3 收费
A4 添	B4 赔钱

2. 根据课文中的对话完成句子。By using what you have learnt before, complete the sentence below.

开网络商店首先要在网站上____，然后把自己____放上去卖就可以了。

答案 Answer：

1.

A1-B3　A2-B2　A3-B4　A4-B1

2.

注册　没用的东西

搜索引擎的使用
Unit 8 Search Engine Applications

必备用语 Key Expressions

qù wǎngshang sōu
◉ 去网上搜
search on the Internet

sōu bú dào
◉ 搜不到
can't find

Yòng shénme sōu
◉ 用什么搜?
What did you search with?

tǐng hǎo yòng de
◉ 挺好用的
pretty handy

Nǐ zài shuō yī biàn
◉ 你再说一遍。
Pardon me.

Nǐ xiǎng yào zhǎo shénme
◉ 你想要找什么?
What do you want to search for?

Dà jiā dōu zhè me shuō
◉ 大家都这么说。
Everyone is saying the same thing.

Shì ge hǎo zhǔ yi
◉ 是个好主意。
It's a good idea.

Jì bù qīngchu le
◉ 记不清楚了。
Can't remember.

情景对话 Situational Dialogues

(Xiao Li and Xiao Zhang are talking about search engines.)

1.

Xiǎo Lǐ Guó nèi shénme sōu suǒ yǐn qíng zuì hǎoyòng a
小 李:国内什么搜索引擎最好用啊?
Xiao Li: Which domestic search engine is the best?

Xiǎo Zhāng Wǒ gǎn jué hái shi Bǎi dù zuì hǎo yòng fēi cháng fāngbiàn
小 张:我感觉还是百度最好用,非常方便,
ér qiě sōu suǒ sù dù yě hěn kuài
而且搜索速度也很快。
Xiao Zhang: I think Baidu is the best, very convenient and its searching speed is fast too.

Xiǎo Lǐ Nǐ zhī dào wǒ xiě wénzhāng jīngcháng xū yào sōu suǒ yì xiē
小 李:你知道,我写文章经常需要搜索一些
zī liào yuán lái wǒ yòngguo yì xiē qí tā de gǎn jué dōu bù
资料,原来我用过一些其他的,感觉都不
chéng jīngcháng sōu bú dào wǒ xiǎngyào de dōng xi
成,经常搜不到我想要的东西。

Xiao Li：You know，I often need to search for some information when I write my articles. I've used some others before，but didn't feel well about them. I often couldn't find what I wanted.

Xiǎo Zhāng Nǐ dōu yòng guo shénme a
小 张：你都用过什么啊？

Xiao Zhang：What have you used before?

Xiǎo Lǐ Yòng guo Sōu hú de sōu suǒ yǐnqíng Xīn làng de yě yòng guo
小 李：用过搜狐的搜索引擎，新浪的也用过。

Xiao Li：I have used Sohu's search engine，and Sina's，too.

Xiǎo Zhāng Nà liǎng ge xiàn zài shì mén hù wǎng zhàn bú shì zhuānmén zuò sōu suǒ yǐnqíng de suǒ yǐ shǐ yòng shang chà yì xiē
小 张：那两个现在是门户网站，不是专门做搜索引擎的，所以使用上差一些。

Xiao Zhang：Well，those two have become gateway websites now. They are not specialized in the search engine business，so they are not the best to use.

Xiǎo Lǐ Ō yǒu dào lǐ
小 李：噢，有道理。

Xiao Li：Oh，that's reasonable.

Xiǎo Zhāng Nǐ wèi shén me bú yòng ne Nà ge hěn hǎo yòng de ér qiě zhōng yīng wén zī liào dōu bǐ jiào róng yì sōu de dào
小 张：你为什么不用Google呢？那个很好用的，而且中英文资料都比较容易搜得到。

Xiao Zhang：Why don't you use Google? That is the best of all，and it's easy to search for information in both Chinese and English.

Xiǎo Lǐ Nǐ zài shuō yí biàn shì shén me

小 李：你再说一遍，是什么？

Xiao Li：Pardon me，what did you say it was?

Xiǎo Zhāng jiù shì

小 张：Google，就是G-O-O-G-L-E。

Xiao Zhang：Google，G-O-O-G-L-E.

2.

Xiǎo Lǐ Tīng nǐ jiè shào le yǐ hòu wǒ jiù qù yòng le yī xià hái zhēn shì tǐng hǎo yòng de

小 李：听你介绍了Google以后我就去用了一下，还真是挺好用的。

Xiao Li：After hearing your introduction about Google，I tried it out，and it was pretty good.

Xiǎo Zhāng Nà shì

小 张：那是。

Xiao Zhang：That's true.

Xiǎo Lǐ Zī liào fēi cháng quán ér qiě sù dù yě hěn kuài

小 李：资料非常全，而且速度也很快。

Xiao Li：The information is very complete，and the speed is very fast.

Xiǎo Zhāng Hǎo duō rén dōu zhè me shuō

小 张：好多人都这么说。

Xiao Zhang：Everyone says the same thing.

Xiǎo Lǐ Wǒ yě shì le shì bǎi dù yě fēi cháng hǎo yòng ér qiě wǒ fā xiàn tā bú dàn néng sōu suǒ xīn wén hái néng sōu gē qū bāo kuò hé gē cí ne

小 李：我也试了试百度，也非常好用，而且我发现它不但能搜索新闻，还能搜歌曲，包括MP3和歌词呢。

Xiao Li：I also tried Baidu，also very good and not only can I search for news on it，but also for

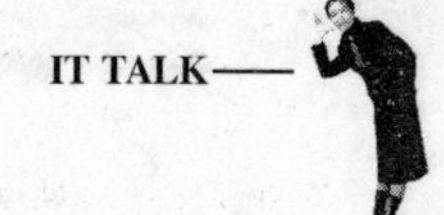

songs including MP3 and lyrics.

Xiǎo Zhāng Shì a wǒ jīngcháng zài bǎi dù shang sōu gē rán hòu xià zǎi lái tīng
小 张：是啊，我经常在百度上搜歌，然后下载来听。

Xiao Zhang：That's right. I often search for songs on Baidu, and then download to listen.

Xiǎo Lǐ Nǐ xǐ huan tīng nǎ xiē gē
小 李：你喜欢听哪些歌？

Xiao Li：What songs would you like to listen to?

Xiǎo Zhāng Yáogǔn de Yǒu xiē jié zòu tè bié kuài de gē wǒ tīng bù qīng chu wǒ jiù sōusuǒ tā de gē cí yì biān kàn yì biān tīng
小 张：摇滚的。有些节奏特别快的歌我听不清楚，我就搜索它的歌词，一边看一边听。

Xiao Zhang：Rock 'n' roll. Some songs' rhythm is so fast that I can't follow very well. So I search for their lyrics, and I can listen to them while looking at the lyrics.

Xiǎo Lǐ Zhè dào shì ge hǎo zhǔ yi Gǎnmíngr wǒ yě shì shi
小 李：这倒是个好主意。赶明儿，我也试试。

Xiao Li：That's a good idea. I'll try it another day.

3.

Xiǎo Zhāng Zuì jìn sōu dào shén me xīn gē le méi yǒu
小 张：最近搜到什么新歌了没有？

Xiao Zhang：Have you searched for any new songs lately?

Xiǎo Lǐ Méi yǒu zuì jìn gōng zuò shí zài tài máng le
小 李：没有，最近工作实在太忙了。

Xiao Li：No. I have been very busy recently.

Xiǎo Zhāng Máng shén me a
小 张：忙什么啊？

Xiao Zhang：What for?

Xiǎo Lǐ Wǒmen yào chū yì qī zhuānmén jièshào Ào yùn de tè kān wǒ dōu bù zhīdào gāi zěnme bàn le

小　李：我们要出一期专门介绍奥运的特刊，我都不知道该怎么办了。

Xiao Li：We're going to have a special issue on the Olympic Games. I really don't know how to do it.

Xiǎo Zhāng Nǐ yòng sōusuǒ yǐnqíng sōu yì xiē bèijǐng zīliào a

小　张：你用搜索引擎搜一些背景资料啊。

Xiao Zhang：You can use the search engine to search for some background information.

Xiǎo Lǐ Yǒu hǎo duō rénmíng dìmíng hé tǐyù xiàngmù míngchēng ne

小　李：有好多人名、地名和体育项目名称呢。

Xiao Li：There are a lot of names of people，places and sports events.

Xiǎo Zhāng Zhèyàng nǐ yòng lái sōu bǐrú shuō nǐ xiǎng sōu gǔdài Ào lín pǐ kè de zīliào nǐ jiù zài sōusuǒ de wèizhì shang shūrù yīngwén huò zhōngwén gǔdài Ào lín pǐ kè jǐ ge zì diǎn jī sōusuǒ huò huí chē yīnggāi jiù néng chūlái le

小　张：这样，你用Google来搜，比如说你想搜古代奥林匹克的资料，你就在Google搜索的位置上输入英文ancient Olympic或中文古代奥林匹克几个字，点击搜索或回车，应该就能出来了。

Xiao Zhang：OK，you can use Google to search，for example，if you want to search for some information about the ancient Olympic Games，you input ancient Olympic in English or Chinese at the search bar of Google，click "Search" or hit the "enter" key，and those information will come

out.

Xiǎo Lǐ ō wǒ qù shì yí xià
小 李:噢,我去试一下。

Xiao Li: Oh, I see. I'll have a try.

Xiǎo Zhāng Bǎi dù de zǔ hé sōu suǒ fāng fǎ hǎo xiàng yě chà bù duō wǒ jì bu qīngchu le nǐ kě yǐ zì jǐ qù kàn kan
小 张:百度的组合搜索方法好像也差不多,我记不清楚了,你可以自己去看看。

Xiao Zhang: The combined searching method of Baidu seems more or less the same. I can't remember clearly. You can go and check it out too.

Xiǎo Lǐ Hǎo de wǒ huì de
小 李:好的,我会的。

Xiao Li: Sure, I will.

词 汇 Vocabulary

对话 1

国内 guónèi /at home; domestic
搜索引擎 sōusuǒ yǐnqíng /search engine
感觉 gǎnjué /feel
最好用 zuì hǎo yòng /the best one to use
写文章 xiě wénzhāng /write an article(essay)
资料 zīliào /information
门户网站 ménhù wǎngzhàn /gateway website
使用 shǐyòng /use
差 chà /inferior, bad
有道理 yǒu dàolǐ /reasonable

一遍　yí biàn /one time; once

对话 2

全　quán /complete

歌曲　gēqǔ /song

歌词　gēcí /lyrics

搜歌　sōu gē /search for songs

摇滚　yáogǔn /rock 'n' roll

节奏　jiézòu /rhythm

一边……一边　yìbiān…yì biān /do sth. while...

好主意　hǎo zhǔyi /good idea

赶明儿　gǎnmíngr /one of these days; another day

对话 3

最近　zuìjìn /lately, recently

新歌　xīn gē /new song

实在　shízài /indeed, really

一期　yì qī /one issue

奥运　Àoyùn /Olympic Games

特刊　tèkān /special issue

背景资料　bèijǐng zīliào /background information

人名　rénmíng /people's name

地名　dìmíng /name of place

体育项目　tǐyù xiàngmù /sports item

名称　míngchēng /term

古代　gǔdài /ancient

奥林匹克　Àolínpǐkè /Olympic

位置　wèizhì /place, position

输入　shūrù /input

点击　diǎnjī /click

搜索　sōusuǒ /search

回车　huíchē /return

方法　fāngfǎ /method

记不清楚　jì bu qīngchu /can't remember clearly

相关用语 Relevant Expressions

Zhēn hǎo shǐ

◉ 真好使！

It's really convenient to use. Very handy.

Yòng de shùnshǒu ba

◉ 用的顺手吧？

Is it handy?

hǎo bāngshǒu

◉ 好帮手

good helper

Nà shì xiāngdāng de fāngbiàn

◉ 那是相当的方便。

That's very convenient.

Hái yǒu shén me bù qīngchu ma

◉ 还有什么不清楚吗？

Is there anything unclear?

Quán dōu míng bai le

◉ 全都明白了。

It's clear.

语言文化小贴士
Language Tips

1. “不但……还……”相当于英语中的“not only…but also”。中文中同样的表达法还有:“不但……而且……”。

“Búdàn … hái …” is similar to “not only. . . but also. . .” in English. In Chinese, another way of expressing the same meaning also includes “búdàn … érqiě…”.

2. “赶明儿”是口语词,意思是“等到明天”,泛指以后;将来。

“Gǎnmíngr ” is a colloquial phrase meaning “till tommorrow”. It generally refers to one of these days or another day.

网站导航 Meshwork navigation

“百度”(www. baidu. com)是中国本土的搜索引擎网站,以其强大的网络搜索功能和 Mp3 搜索功能让中国的网民喜欢。

“Bǎidù” (www. baidu. com) is China’s own domestic search engine website. Its powerful online search function and Mp3 search function are very popular among Chinese netizens.

练 习 Exercises

选择最适合的词填空。**Fill the blanks with the most suitable phrases given.**

1) 我买了三把刀子,那两把都不好用,只有这把____。

A. 也不好用　　　　B. 最好用

2) Google 和百度都是著名的____。

A. 搜索速度 B. 搜索引擎　C. 搜索文章

3) 我希望能够从百度上搜索到一些歌手的____。

A. 背景资料 B. 背景音乐　C. 背景颜色

答案 Answer:

1) B　2) B　3) A

个人主页与博客
Unit 9 Personal Homepage & Blogs

必备用语
Key Expressions

Nǐ yǒu gè rén zhǔ yè ma
◉ 你有个人主页吗?
Do have a personal homepage?

Zhè shì wǒ de wǎng zhǐ
◉ 这是我的网址。
This is my website address.

wǒ de bó kè
◉ 我的博客
my blog

zuò ge bó kè
◉ 做个博客
start a blog

Xiàn zài bó kè hěn huǒ ya
◉ 现在博客很火呀!
Now blogs are very popular.

shēnqǐng gè rén zhǔ yè
◉ 申请个人主页
apply for a personal homepage

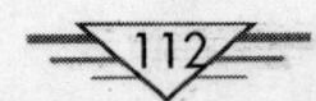

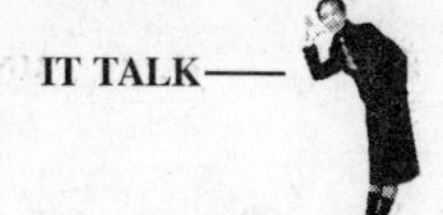

shè jì wǎng yè
◉ 设计网页
design a web page

Wǒ jīn tiān xián de hěn
◉ 我今天闲得很。
I'm pretty free today; I've nothing much to do today.

Jīn tiān kàn le nǐ de bó kè hái liú yán le ne
◉ 今天看了你的博客，还留言了呢。
I've read your blog today, and left a message there.

Wǒ tè bié yǒu tónggǎn
◉ 我特别有同感。
I had the exact same feelings. My feelings exactly.

Méi rén guǎn nǐ
◉ 没人管你。
Nobody cares about you.

Shuí zhī dào a
◉ 谁知道啊？
Who knows?

Nà nǐ wèi shén me hái yào zuò bó kè ne
◉ 那你为什么还要做博客呢？
Why did you insist on making a blog then?

情景对话 Situational Dialogues

(Xiao Li happily comes to Xiao Zhang to tell him something.)

1.

Xiǎo Lǐ Wǒ jīn tiān zài Zhōngguó wǎngzhàn shang zuò le yí gè bó kè

小 李：我今天在中国网站上做了一个博客。

yǒukòngr kě yǐ qù kànkan wǒ xiě de wénzhāng a

有空儿可以去看看我写的文章啊。

Xiao Li: I started a blog on ChinaNet today. If you have time, you can go and read my articles.

Xiǎo Zhāng Xíng a gǎn shí máo nǐ yě wánr bó kè le Xiàn zài bó kè hěn huǒ ya Nǐ zhǔn bèi zài shàngmiàn xiě shén me ne

小 张：行啊，赶时髦，你也玩儿博客了。现在博客很火呀！你准备在上面写什么呢？

Xiao Zhang: Well done. Following the fashion. You're starting a blog too. Blog is very popular now. What are you going to write on it?

Xiǎo Lǐ Xiě diǎnr shēnghuó gǎnyán xīn dé tǐ huì shén me de

小 李：写点儿生活感言、心得体会什么的。

Xiao Li: Write some impressions of life, and what I have learned and experienced.

Xiǎo Zhāng Wǒ liǎng nián qián hái yǒu ge gè rén zhǔ yè ne zài Wǎng yì shang zhǔyào shì gǎo yì xiē guān yú Běi jīng wénhuà Běi jīng xiǎo chī de wénzhāng Kāi shǐ shì miǎn fèi de zì jǐ zuò hǎo le shàngchuán jiù kě yǐ le hòu lái Wǎng yì kāi shǐ shōu fèi le wǒ nà zhèn zi yòu máng jiù méi guǎn tā

小 张：我两年前还有个个人主页呢，在网易上，主要是搞一些关于北京文化、北京小吃的文章。开始是免费的，自己做好了上传就可以了，后来网易开始收费了，我那阵子又忙，就没管它。

Xiao Zhang: Two years ago I made a personal homepage on Netease website, mainly writing some articles about Beijing's

culture and snacks. At the beginning, the site was free, and I just have to submit my writings after I finished. Later Netease started to charge fees, and I was very busy at that time, and so I neglected it.

Xiǎo Lǐ Nà zhēn shì kě xī le
小 李：那真是可惜了。

Xiao Li: What a pity!

Xiǎo Zhāng Nà ge shí hou gāng bì yè gōng zuò yě bù jǐn zhāng ér qiě yě yǒu jī qíng xiàn zài bù chéng le
小 张：那个时候刚毕业，工作也不紧张，而且也有激情，现在不成了。

Xiao Zhang: I just graduated, I was not very busy at work, and I was full of passion at that time. Now I can't do it anymore.

Xiǎo Lǐ Xiàn zài hái yǒu néng shēnqǐng gè rén zhǔ yè de wǎngzhàn ma
小 李：现在还有能申请个人主页的网站吗？

Xiao Li: Is there any website where one can apply for a personal homepage now?

Xiǎo Zhāng Yīng gāi yǒu ba wǒ bú shì tè bié qīng chu Nǐ zuì hǎo shàngwǎng sōu sou
小 张：应该有吧，我不是特别清楚。你最好上网搜搜。

Xiao Zhang: I think so, but I'm not very sure about it. You'd better get on the Internet and search for it.

Xiǎo Lǐ Gū jì xiàn zài dōu zài zuò bó kè wǎngzhàn le shuí hái shēnqǐng gè rén zhǔ yè a fǎn zhèng gōngnéng dōu chā bù duō
小 李：估计现在都在做博客网站了，谁还申请个人主页啊，反正功能都差不多。

Xiao Li: I assume everyone is making blogs these days.

Who would apply for a personal homepage now? Anyway, the functions are more or less the same.

Xiǎo Zhāng Dà gài bó kè wǎngzhàn huì gèng róng yì yòng yì xiē bú yòng zì jǐ shè jì wǎng yè guāng xiě nèi róng jiù kě yǐ le

小　张：大概博客网站会更容易用一些，不用自己设计网页，光写内容就可以了。

Xiao Zhang: Perhaps a blog website is easier to use. People won't need to design their own web pages, but just need to fill in some contents. That's all.

2.

Xiǎo Zhāng Wǒ jīn tiān kàn le nǐ de bó kè hái liú yán le ne

小　张：我今天看了你的博客，还留言了呢。

Xiao Zhang: I read your blog today and left a message there.

Xiǎo Lǐ Shì ma Wǒ jīn tiān yì tiān dōu zài máng nǐ kàn de nǎ piān wénzhāng a

小　李：是吗？我今天一天都在忙，你看的哪篇文章啊？

Xiao Li: Really? I was busy all day today. Which article did you read?

Xiǎo Zhāng Jī běn shang dōu kàn le yě dōu liú yán le Wǒ jīn tiān xián de hěn

小　张：基本上都看了，也都留言了。我今天闲得很。

Xiao Zhang: I read almost all of them, and left messages for each one too. I was pretty free today.

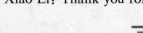

Xiǎo Lǐ Xiè xie nǐ duì wǒ de bó kè de guān zhù

小　李：谢谢你对我的博客的关注。

Xiao Li: Thank you for your attention to my blog.

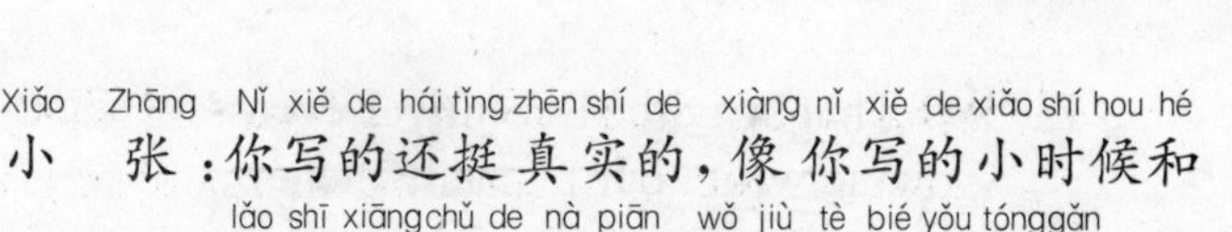

Xiǎo Zhāng Nǐ xiě de hái tǐng zhēn shí de xiàng nǐ xiě de xiǎo shí hou hé
小　张：你写的还挺真实的，像你写的小时候和
lǎo shī xiāng chǔ de nà piān wǒ jiù tè bié yǒu tóng gǎn
老师相处的那篇，我就特别有同感。

Xiao Zhang: What you wrote is very realistic, such as the one you wrote about how you got along with your teacher when you were a child. I had the exact same feelings.

Xiǎo Lǐ Nà shì wǒ jì yì zhōng zuì shēn kè de yí jiàn shì qing la xiàn
小　李：那是我记忆中最深刻的一件事情啦，现
zài xiǎng qǐ lái jiù xiàng fā shēng zài zuó tiān yí yàng
在想起来就像发生在昨天一样。

Xiao Li: That was the most significant thing in my memory. Now when I think of it, it seems as if it just happened yesterday.

Xiǎo Zhāng Wǒ yě yīng gāi duō xiě yì xiē gè rén shēng huó de dōng xi
小　张：我也应该多写一些个人生活的东西
le fǒu zé měi tiān dōu shì gōng zuò gōng zuò
了，否则每天都是工作、工作。

Xiao Zhang: I should also write something about my private life, otherwise I would only know work and work every day.

Xiǎo Lǐ Bó kè jiù shì gōng kāi de rì jì nǐ zì jǐ ài xiě shén me
小　李：博客就是公开的日记，你自己爱写什么
jiù xiě shén me méi rén guǎn nǐ
就写什么，没人管你。

Xiao Li: A blog is basically an open diary, where one simply writes whatever they like. Nobody controls you.

Xiǎo Zhāng Shì a wǒ zuì jìn hái kàn dào yǒu rén bǎ zì jǐ měi tiān de
小　张：是啊，我最近还看到有人把自己每天的
cài pǔ xiě chū lái ne
菜谱写出来呢。

Xiao Zhang：That's right. Recently I even saw someone wrote out his daily menu.

Xiǎo Lǐ Nà yǒu rén kàn ma
小　李：那有人看吗？

Xiao Li：Is there anyone who wants to read that?

Xiǎo Zhāng Shuí zhī dào ne
小　张：谁知道呢。

Xiao Zhang：Who knows?

3.

Xiǎo Zhāng Xīn làng de bó kè shang yǒu hǎo duō míng rén
小　张：新浪的博客上有好多名人。

Xiao Zhang：There are many celebrities on the Sina blog.

Xiǎo Lǐ Shén me
小　李：什么？

Xiao Li：What?

Xiǎo Zhāng Yīng gāi shuō yǒu hǎo duō míng rén zài Xīn làng shang jiàn le zì jǐ de bó kè yóu qí shì zuì jìn
小　张：应该说，有好多名人在新浪上建了自己的博客，尤其是最近。

Xiao Zhang：I should say that many celebrities have made their own blogs on Sina，especially recently.

Xiǎo Lǐ Wǒ tīngshuō le shén me gē xīng yǐngxīng wén huà míng rén dōu yǒu zuì huǒ de yīng gāi shì Xú Jìng lěi le
小　李：我听说了，什么歌星、影星、文化名人都有，最火的应该是徐静蕾了。

Xiao Li：I've heard about it. There are singers，movie stars，cultural celebrities and so on. The most popular artist should be Xu Jinglei.

Xiǎo Zhāng Nǐ bù rú bǎ nǐ de bó kè yě fàng zài xīn làng shang zhè
小　张：你不如把你的博客也放在新浪上，这

yàng huì yǒu hěn duō wǎngmín kàndào nǐ de bó kè
样会有很多网民看到你的博客。

Xiao Zhang: Why don't you move your blog to Sina? In this way, many netizens will be able to read your blog then.

Xiǎo Lǐ Wǒ yòu bú shì míng rén bù xǐ huan mò shēng rén kàn wǒ de wén zhāng
小 李:我又不是名人,不喜欢陌生人看我的文章。

Xiao Li: I'm not a celebrity, and I don't like strangers reading my articles.

Xiǎo Zhāng Nà nǐ wèishén me hái yào zuò bó kè ne
小 张:那你为什么还要做博客呢?

Xiao Zhang: Why did you make a blog then?

Xiǎo Lǐ Wǒ xǐ huan hé wǒ shóu xī de péngyou tóngxué tóngshì zài bó kè shangjiāo liú bù shóu xī wǒ de rén kàn bu kàn wú suǒ wèi
小 李:我喜欢和我熟悉的朋友、同学、同事在博客上交流,不熟悉我的人看不看无所谓。

Xiao Li: I'd like to communicate with my friends, classmates and colleagues on the blog. I don't care whether strangers read it or not.

Xiǎo Zhāng Wǒ dǎo shì xǐ huan hé mò shēng rén jiāo liú jiāo liú néng cóng mò shēng rén nàr dé dào fǎn kuì yě shì yí jiàn gāoxìng de shì qing a
小 张:我倒是喜欢和陌生人交流交流,能从陌生人那儿得到反馈也是一件高兴的事情啊。

Xiao Zhang: I like to communicate with strangers because I enjoy getting interesting feedbacks from them.

Xiǎo Lǐ Nǐ hái méi yǒu bó kè ne ba
小 李:你还没有博客呢吧?

Xiao Li：You don't have a blog yet，do you?

Xiǎo Zhāng Shì a
小　张：是啊。

Xiao Zhang：No.

Xiǎo Lǐ Nà nǐ zài xīnlàng kāi ge bó kè ba
小　李：那你在新浪开个博客吧。

Xiao Li：Start a blog on Sina then.

词　汇 Vocabulary

对话 1

做博客　zuò bókè /make a blog

赶时髦　gǎn shímáo /follow the fashion（trend）

很火　hěn huǒ /very hot，very popular

准备　zhǔnbèi /prepare

写　xiě /write

生活感言　shēnghuó gǎnyán /impressions of life; life impressions

心得体会　xīndé tǐhuì/what one has learned and experienced

个人主页　gèrén zhǔyè /personal homepage

关于　guānyú /about

文化　wénhuà /culture

小吃　xiǎochī /snack

上传　shàngchuán /submit

收费　shōufèi /charge

那阵子　nà zhènzǐ /that period

可惜　kěxī /pity

毕业　bìyè /graduate; graduation

紧张　jǐnzhāng /tense, nervous

激情　jīqíng /passion

估计　gūjì /estimate

设计网页　shèjì wǎngyè /design web page

对话 2

闲　xián /free

关注　guānzhù /pay attention to

真实的　zhēnshí de /real

老师　lǎoshī /teacher

相处　xiāngchǔ /live together, get along with

有同感　yǒu tónggǎn /have the same feelings

记忆中　jìyì zhōng /in memory

最深刻的　zuì shēnkè de /the most impressive, the most profound

发生　fāshēng /happen

昨天　zuótiān /yesterday

否则　fǒuzé /otherwise

工作　gōngzuò /work

公开的　gōngkāi de /openly

日记　rìjì /diary

没人管　méi rén guǎn /nobody cares; nobody controls

菜谱　càipǔ /menu

对话 3

名人　míngrén /famous people; celebrity

歌星　gēxīng /star singer

影星　yǐngxīng /movie star

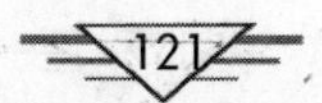

文化名人　wénhuà míngrén /cultural celebrity
网民　wǎngmín /Internet user; netizen
陌生人　mòshēngrén /stranger
文章　wénzhāng /article, essay
熟悉的　shóuxī de /familiar
同学　tóngxué /classmate
同事　tóngshì /colleague
交流　jiāoliú /communicate
无所谓　wúsuǒwèi /care about nothing; not take seriously
反馈　fǎnkuì /feedback

相关用语 Relevant Expressions

fǎngwènliàng dà
◉ 访问量大
large capacity of visitors

diǎn jī lǜ gāo
◉ 点击率高
high clicking rate

guànshuǐ
◉ 灌水
fill water

liú lǎn
◉ 浏览
browse

tiě zi
◉ 帖子

paste, message, card

wǎngluò guǎn lǐ yuán
◉ 网络管理员
web master

yǒu zì jǐ xiě de
◉ 有自己写的
someone has written it themselves

zhǎo qiāngshǒu
◉ 找枪手
look for a ghostwriter

yǒu zhǎo rén xiě de
◉ 有找人写的
some are written by ghostwriters

kǒushù
◉ 口述
oral account

zhí bǐ
◉ 执笔
do the actual writing

语言文化小贴士 Language Tips

1. "博客"是英语 blog 的外来语的音译。

"Bókè" is blog in Chinese.

2. "赶时髦"是指迎合当时最流行的风尚。"赶"有追赶的意思，也就是跟着时尚跑。

"Gǎn shímáo" refers to following the fashion or trend. "Gǎn" means catching up, chasing, or follow.

It means to run after the fashion.

3."火"近来流行的口语词,原表示"兴旺;兴隆",现还引申表示"极受欢迎;火爆;热烈"。

"Huǒ" is a popular word used in spoken Chinese recently. It originally means "prosperous; flourishing", now it also indicates "very popular; quick-tempered; enthusiastic".

网站导航
Meshwork navigation

"博客中国"(http://www.bokee.com/)是中国大陆比较有名的博客网站之一,与新浪、搜狐等门户网站不同的是它不是门户网站,而是单一提供博客服务的网站。

"Bókè Zhōngguó" (http://www.bokee.com/) is one of the popular blog websites in China's mainland.

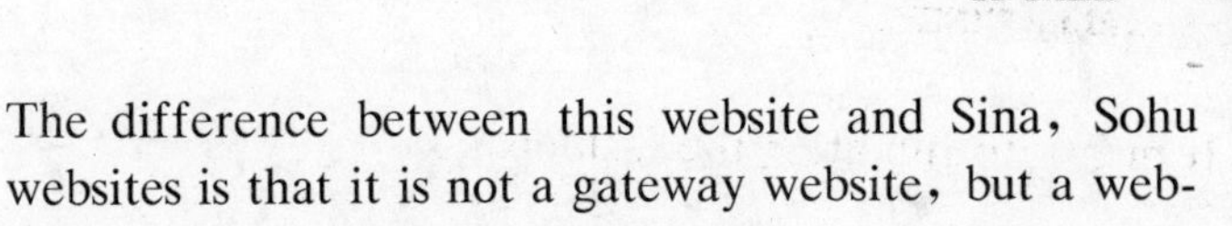

The difference between this website and Sina, Sohu websites is that it is not a gateway website, but a website that only provides blog services.

练　习 Exercises

1. 将划线词替换成与其意思相反的词。Replace the underlined words with words in opposite meanings.

1)这个人我非常熟悉。

2)歌星影星都是名人,而我们只是名人。

2. 选择最适合的词填空。Fill the blanks with the most suitable phrase given.

1) 一起工作的人叫____。

2) 一起上学校的人叫____。

A) 同事　B)同学　C)同样

答案 Answer:

1.

1) 陌生

2) 普通人

2.

1) A　2) B

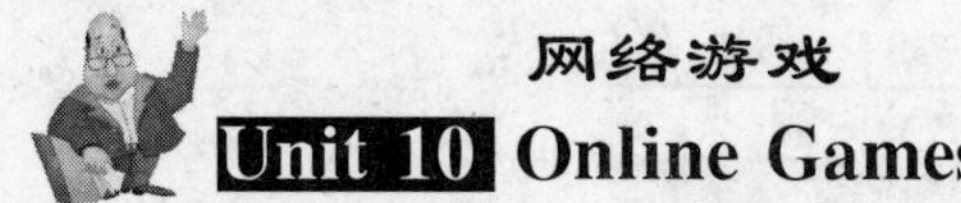

网络游戏
Unit 10 Online Games

必备用语
Key Expressions

Nǐ wánr shén me ne
◉ 你玩儿什么呢?
What are you playing?

Wǒ wánr yóu xì ne
◉ 我玩儿游戏呢。
I'm playing games.

Kàn shàng qù hěn yǒu yì si
◉ 看上去很有意思。
It looks very interesting.

Wǒ wánr le bàn tiān le kě dài jìnr le
◉ 我玩儿了半天了,可带劲儿了。
I've been playing for some time now. It's very exciting.

xiē huìr
◉ 歇会儿
have a rest; rest for a while

Nǐ wánr guo ma
◉ 你玩儿过吗?
Have you ever played before?

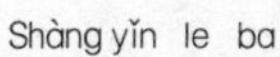

Shàng yǐn le ba
◉ 上瘾了吧？
Are you obsessed with(addicted to) it?

Zhè me cháng shí jiān le
◉ 这么长时间了？
That long?

Zhēn kě pà
◉ 真可怕！
How terrible!

shuō shí huà
◉ 说实话
to tell the truth

Kě bú shì ma
◉ 可不是吗？
Absolutely.

Méi zhǔnr
◉ 没准儿
maybe

情景对话 Situational Dialogues

(In the afternoon, Xiao Li is attracted by the sound coming from Xiao Zhang's room. He went over to Xiao Zhang's room to see what he is doing.)

1.

Xiǎo Lǐ Nǐ wánr shén me ne Zhè me dà de shēng yīn
小李：你玩儿什么呢？这么大的声音。
Xiao Li: What are you playing? The sound is so loud.

Xiǎo Zhāng　Méi kàn jiàn ā　Wǒ wánr　yóu xì ne

小 张：没看见啊？我玩儿游戏呢。

Xiao Zhang: Didn't you see? I'm playing games.

Xiǎo Lǐ　Nǐ wánr　de zhè ge yóu xì wǒ zěn me méi jiàn guo a

小李：你玩儿的这个游戏我怎么没见过啊？

Xiao Li: How come I've never seen this game you're playing?

Xiǎo Zhāng　Zhè shì xīn chū de yì kuǎn yóu xì　shì péng you gāng gěi wǒ de

小 张：这是新出的一款游戏，是朋友刚给我的。

Xiao Zhang: This is a new game. A friend of mine just gave it to me.

Xiǎo Lǐ　Kàn shàng qù hěn yǒu yì si a

小李：看上去很有意思啊！

Xiao Li: It looks very interesting.

Xiǎo Zhāng　Méi cuò　wǒ wánr　le bàn tiān le　kě dài jìnr　le

小 张：没错，我玩儿了半天了，可带劲儿了。

Xiao Zhang: You're right. I have been playing for some time now. It's very exciting.

Xiǎo Lǐ　Zhè ge wǒ hái zhēn méi yǒu wánr　guo　nǐ shén me shí hou néng wánr wán a

小李：这个我还真没有玩儿过，你什么时候能玩儿完啊？

Xiao Li: I've never played it before. When will you finish playing it?

Xiǎo Zhāng　Nǐ yě xiǎng guò bǎ yǐn　Chéng　nǐ dǎ ba　wǒ dǎ le bàn tiān　yǎn jing dōu lèi le

小 张：你也想过把瘾？成，你打吧，我打了半天，眼睛都累了。

Xiao Zhang: Do you want to have a go at it too? OK. Go ahead. I've been playing it so long that my eyes are tired.

Xiǎo Lǐ　Nà wǒ kě jiù bú kè qi le　wǒ lái dǎ yí huìr

小李：那我可就不客气了，我来打一会儿。

Xiao Li：I won't stand on ceremony then. I'll play for a while.

Xiǎo Zhāng Xíng zhèng hǎo wǒ yě xiē huìr
小张：行，正好我也歇会儿。

Xiao Zhang：All right. I can have a rest then.

2.

（Xiao Zhang is back from going out.）

Xiǎo Zhāng Wǒ dōu chī wán fàn huí lái le nǐ hái méi dǎ wán ne
小张：我都吃完饭回来了，你还没打完呢？

Xiao Zhang：I'm back from dinner. How come you haven't finished?

Xiǎo Lǐ Wǒ dǎ duō jiǔ le
小李：我打多久了？

Xiao Li：How long have I been playing?

Xiǎo Zhāng zěn me yě děi yǒu wǔ ge xiǎo shí le ba
小张：怎么也得有五个小时了吧。

Xiao Zhang：At least for five hours now.

Xiǎo Lǐ Á Zhè me cháng shí jiān le Zhēn de ma
小李：啊？这么长时间了？真的吗？

Xiao Li：What? That long? Really?

Xiǎo Zhāng Kě bú shì ma Shàng yǐn le ba
小张：可不是吗？上瘾了吧？

Xiao Zhang：Absolutely. Are you addicted to it?

Xiǎo Lǐ Méi zhǔnr nǐ zhī dào yǒu hǎo duō xiǎo háir wánr wǎng luò yóu xì dōu shàng yǐn
小李：没准儿，你知道有好多小孩儿玩儿网络游戏都上瘾。

Xiao Li：Maybe. You know a lot of children are addicted to playing network games.

Xiǎo Zhāng Ǹg yǒu hǎo duō xiǎo xué shēng chángcháng yì qǐ zài wǎng ba li dǎ yóu xì yì dǎ jiù yì xiǔ
小张：嗯，有好多小学生，常常一起在网吧里打游戏，一打就一宿。

Xiao Zhang: Yes. A lot of primary school students often gather together in net bars to play games. Once they start, they'll play overnight.

Xiǎo Lǐ　Wǒ yào shì tā men fù mǔ　yí dìng dān xīn sǐ　le
小李：我要是他们父母，一定担心死了。

Xiao Li: If I were their parents, I would be worried to death.

Xiǎo Zhāng　Yǒu de hái yīn wèi wánr　yóu xì shàng yǐn jiù táo xué de ne
小张：有的还因为玩儿游戏上瘾就逃学的呢。

Xiao Zhang: Some are so obsessed with playing games that they play truant at school.

Xiǎo Lǐ　Zhēn kě pà
小李：真可怕。

Xiao Li: How terrible!

3.

Xiǎo Zhāng　nǐ wánr　yóu xì shàng yǐn ma
小张：你玩儿游戏上瘾吗？

Xiao Zhang: Are you addicted to playing games?

Xiǎo Lǐ　Shuō shí huà　yǒu yí duàn shí jiān yě tǐng shàng yǐn de
小李：说实话，有一段时间也挺上瘾的。

Xiao Li: Frankly speaking, I was addicted to it for a period of time.

Xiǎo Zhāng　shén me shí hou
小张：什么时候？

Xiao Zhang: When?

Xiǎo Lǐ　Wǒ shàng dà xué de shí hou wánr　yóu xì shàng yǐn　nà shí shì wánr
小李：我上大学的时候玩儿游戏上瘾，那时是玩

yóu xì jī　Yí xià xué　jiù pǎo qù wánr　yóu xì　lǎo bù
儿游戏机。一下学，就跑去玩儿游戏，老不

huí jiā
回家。

Xiao Li: I was addicted to playing games while I was in college. I was playing with game machines at

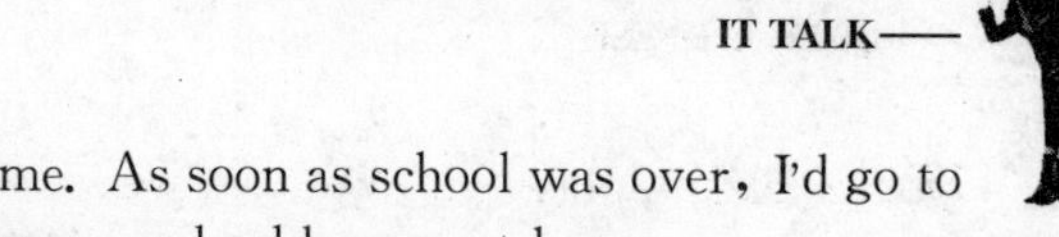

that time. As soon as school was over, I'd go to play games and seldom went home.

Xiǎo Zhāng　Nà bú shì hěn dān wù xué xí ma
小张：那不是很耽误学习吗？
Xiao Zhang: Did that hold up your study?

Xiǎo Lǐ　Bù guāng dān wù xué xí　rú cǐ xià qù　lián shēn tǐ yě huì biàn huài de
小李：不光耽误学习，如此下去，连身体也会变坏的。
Xiao Li: It not only disrupts my studies, but it would ruin my health if I went on like that.

Xiǎo Zhāng　Kě bú shì ma
小张：可不是吗。
Xiao Zhang: Certainly.

Xiǎo Lǐ　Bú guò　zuì zhōng wǒ hái shì kòng zhì zhù le zì jǐ　wánr guo jǐ cì hòu jiù bú zài wánr le
小李：不过，最终我还是控制住了自己，玩儿过几次后就不再玩儿了。
Xiao Li: However, I controlled myself at last. I quitted after playing several times more.

Xiǎo Zhāng　Duō wēi xiǎn　yào bù jiù gāi qù kàn xīn lǐ yī shēng le
小张：多危险，要不就该去看心理医生了。
Xiao Zhang: It was a near thing. Otherwise, you'd have to see a psychologist then.

Xiǎo Lǐ　Shì a　xìng kuī dāng shí hái méi nà me yán zhóng
小李：是啊，幸亏当时还没那么严重。
Xiao Li: Yes. Fortunately it was not that serious.

词汇 Vocabulary

对话 1

玩儿　wánr/play

声音　shēngyīn /sound

游戏　yóuxì /game

半天　bàn tiān /a long time；half the day；several hours

带劲儿　dàijìnr /interesting，exciting，wonderful

过把瘾　guò bǎ yǐn /satisfy an urge；enjoy oneself to the fullest；do sth. to one's heart's content

眼睛　yǎn jing /eye

累　lèi /tired

歇会儿　xiē huìr /have a rest；rest for a while

对话 2

上瘾　shàngyǐn /be addicted (to sth.)；be obsessed with sth.

没准儿　méi zhǔnr /maybe，perhaps

小孩儿　xiǎoháir /child

网络游戏　wǎngluò yóuxì /network game

网吧　wǎng bā /net bar；internet cafe

一宿　yì xiǔ /one night

父母　fùmǔ /parents

担心　dānxīn /worry

逃学　táoxué /play truant

可怕　kěpà /terrible

对话 3

说实话　shuō shíhuà /tell the truth，frankly speaking

上大学　shàng dàxué /go to college(university)

玩儿游戏　wánr yóuxì /play games

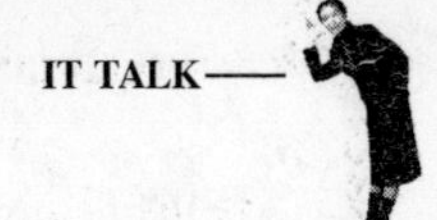

游戏机　yóuxìjī /game machine
一下……就　yíxià …jiù /once. . . ; as soon as
耽误　dānwù /delay, hold up
学习　xuéxí /study
如此下去　rúcǐ xiàqù /go on like this; continue like this
身体　shēntǐ /body, health
变坏　biàn huài /turn bad; go downhill
最终　zuìzhōng /finally; at last
控制自己　kòngzhì zìjǐ /control oneself
危险　wēixiǎn /danger
心理医生　xīnlǐ yīshēng /psychological doctor
幸亏　xìngkuī /luckily, fortunately
严重　yánchóng /serious, severe

相关用语 Relevant Expressions

Cóng méi wánr guo
◉ 从没玩儿过。
Have never played before.

Méi yì si
◉ 没意思。
It's boring. /It's dull.

Tài cì jī le
◉ 太刺激了。
It's too exciting.

Nǐ zuì xǐ huanwánr shén me yóu xì
◉ 你最喜欢玩儿什么游戏？

What game do you like the best?

Méi jìn tòu le
◉ 没劲透了。

It's so boring. It's absolutely boring.

语言文化小贴士
Language Tips

1."玩儿了半天",重音在"天"上。这里的半天是口语中对时间的一个大约的说法,意思是有很长一段时间了,而不是确切的指半天的时间。

In the phrase"wánr le bàn tiān", the word "tiān"is stressed. Here,"bàn tiān"is a colloquial phrase referring to an approximate time, meaning a long period of time, and not specifically half a day.

2."可带劲了"中的"带劲"指的是"有意思,有乐趣",而"可带劲了"指的是"非常有意思,非常有乐趣。"

In the phrase "kě dài jìn le","dài jìn"means"interesting, fun", while"kě dài jìn le"means"very interesting, very wonderful or very exciting."

3. "老"这里不是年纪老,而是指"经常"的意思。

"Lǎo"here doesn't mean "old" in age, but means "often".

4. "担心死了"中的"死"不是常用来表示"失去生命;没命"的意思,而是表示达到极点。"担心死了"表示的是极为担心,担心的程度达到了极点。类似的用法有:笑死了;累死了;饿死了;渴死了等等。

"Sǐ"in the colloquial phrase"dānxīn sǐ le"doesn't have its common meaning of "dying or death", but refers to "reaching the extreme; very".

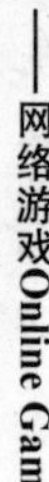

看看你的样子，笑死我了，哈哈哈…
我都这样了你还笑！

练　习
Exercises

选择意思一样的词语。From the choices given, choose the words/phrases with the same meaning to the underlined words.

1）他经常出错。

A. 不　　B. 老　　C. 还　　D. 也

2）小学生不应该多玩儿电脑或是网络游戏。

A. 打　　B. 看　　C. 学　　D. 做

3）我累死了，可得歇会儿了。

A. 休息　　B. 躺　　C. 睡　　D. 坐

4）这本书可带劲了。

A. 难　　B. 重　　C. 有趣　　D. 厚

答案 Answer:

1) B
2) A
3) A
4) C

旅游网站让出行更轻松
Unit 11 Travel Websites to Make Your Trips More Convenient

必备用语 Key Expressions

lǚ yóu wǎngzhàn
◉ 旅游网站
travel website

chū qù wánr wanr
◉ 出去玩儿玩儿
go for an outing

mǎi huǒ chēpiào qì chēpiào
◉ 买火车票/汽车票
buy train/bus ticket

xiǎng qù nǎr jiù qù nǎr
◉ 想去哪儿就去哪儿
go wherever one likes

wǎng shang dìng piào
◉ 网上订票
book tickets online

jiǔ diàn sōu suǒ
◉ 酒店搜索
hotel searching

jiǔ diàn yù dìng
◉ 酒店预订
hotel booking/reservation

chūchāi
◉ 出差
go on business; business travel

lǚ yóu
◉ 旅游
travel, tour

lǚ yóu tào cān fú wù
◉ 旅游套餐服务
travel package service

lǚ xíng shè
◉ 旅行社
travel agency

yù dìng xìn xī
◉ 预订信息
reservation/ booking information

dǎ diàn huà tóu sù
◉ 打电话投诉
make complaint calls

情景对话
Situational Dialogues

(The May 1st holidays are approaching, and Xiao Zhang and Xiao Li are talking about traveling.)

1.

Xiǎo Zhāng Wǔ Yī Jié kuài dào le nǐ bù zhǔn bèi chū qù wánr wánr
小张:"五一节"快到了,你不准备出去玩儿玩儿?

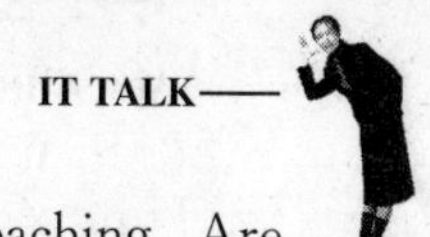

Xiao Zhang: The May 1st holidays are approaching. Are you planning to go for a vacation?

Xiǎo Lǐ　Qù nǎr wánr ya　Gū jì dào chù dōu shì rén
小李：去哪儿玩儿呀？估计到处都是人。

Xiao Li: Where can we go? I reckon there'll be lots of people everywhere.

Xiǎo Zhāng　Nǐ men zá zhì yě bù zǔ zhī zǔ zhī　nǎ pà qù fù jìn de dì fang yě chéng ya
小张：你们杂志也不组织组织，哪怕去附近的地方也成呀。

Xiao Zhang: Won't your magazine press organize something? Anywhere, even a place nearby will do.

Xiǎo Lǐ　Nǐ men gōng sī zǔ zhī le ma
小李：你们公司组织了吗？

Xiao Li: Has your company organized something?

Xiǎo Zhāng　Méi yǒu　qī tiān cháng jià　zì jǐ ān pái　xiǎng qù nǎr jiù qù nǎr
小张：没有，七天长假，自己安排，想去哪儿就去哪儿。

Xiao Zhang: No. It's up to the individual to go wherever we like for the seven days' holiday.

Xiǎo Lǐ　Wǒ nǎr dōu bù xiǎng qù　zhè rì zi wú lùn shì mǎi huǒ chē piào hái shi fēi jī piào dōu shì má fan shì
小李：我哪儿都不想去，这日子无论是买火车票还是飞机票都是麻烦事。

Xiao Li: I don't want to go anywhere. It's so troublesome to buy either train or plane tickets during these holidays.

Xiǎo Zhāng　Wǒ yǒu hǎo duō tóng shì shì tōng guò shén me lǚ yóu wǎng zhàn mǎi de fēi jī piào　hái yǒu bú cuò de zhé kòu ne
小张：我有好多同事是通过什么旅游网站买的飞机票，还有不错的折扣呢。

Xiao Zhang：Many of my colleagues bought plane tickets from some travel website. They've got pretty good discounts.

Xiǎo Lǐ　Nǎ ge lǚ yóu wǎngzhàn a
小李：哪个旅游网站啊？

Xiao Li：Which travel website is that?

XiǎoZhāng　Nà jǐ jiā zhù míng de wǎngzhàn dōu yīng gāi yǒu mài de　xiàng shén me　Yì lóng a　Xié chéng a
小张：那几家著名的网站都应该有卖的，像什么易龙啊，携程啊。

Xiao Zhang：All those popular travel websites should have that，such as Elong，Xiecheng，and so on.

Xiǎo Lǐ　Nà wǒ yě qù kàn kan
小李：那我也去看看。

Xiao Li：I'll go and check them out then.

2.

XiǎoZhāng　Tīngshuō Yì lóng xīn tuī chū le　jiǔ diàn sōu suǒ hé　jiǔ diàn yù dìnggōng néng　hěn fāngbiàn de
小张：听说易龙新推出了酒店搜索和酒店预订功能，很方便的。

Xiao Zhang：I heard that Elong has just started their hotel searching and booking operations. It's very convenient.

Xiǎo Lǐ　Ó　wǒ xiǎng qǐ lái le　Yǒu yí　cì chū chāi de shí hou rén jiā sòng gěi wǒ yī zhāng Yì lóng kǎ　ná zhe qù dìng jiǔ diàn　rén jiā hái zhēn gěi wǒ dǎ le qī zhé
小李：哦，我想起来了。有一次出差的时候人家送给我一张易龙卡，拿着去订酒店，人家还真给我打了七折。

Xiao Li：Oh，I remembered. Once，during a business trip，someone gave me an Elong card. I used it to book a room in a hotel and they gave me 30

percent discount.

Xiǎo Zhāng Shì ma Wǒ jiù shì chū chāi jī huì shǎo měi nián jiù chū qù wánr nà me yì liǎng cì yòng bù zháo fēi děi bàn zhāng kǎ le

小张：是吗？我就是出差机会少，每年就出去玩儿那么一两次，用不着非得办张卡了。

Xiao Zhang：Really? I don't get many opportunities to travel on business. I just travel for pleasure once or twice a year, so I really don't need to apply for a discount card.

Xiǎo Lǐ Bú guò Yì lóng de fú wù hái zhēn shì bú cuò nà zhāng kǎ zài wǒ chū chāi de shí hou kě bāngshang dà máng le

小李：不过，易龙的服务还真是不错，那张卡在我出差的时候可帮上大忙了。

Xiao Li：Well, the service of Elong is really good. That card helped me a lot during my business trip.

Xiǎo Zhāng Nǐ jīng cháng chū chāi duì nǐ de yòng chu dāng rán dà le

小张：你经常出差，对你的用处当然大了。

Xiao Zhang：You often go on business trips. It is certainly of great help to you.

Xiǎo Lǐ Tā men yě yǒu lǚ yóu tào cān fú wù nǐ shén me shí hou xiǎng qù nar lǚ yóu dōu kě yǐ shàng tā de wǎngzhàn chá xún

小李：他们也有旅游套餐服务，你什么时候想去哪儿旅游都可以上它的网站查询。

Xiao Li：They also have travel package services. Whenever you want to go anywhere, you can simply log on to their website to search for information.

Xiǎo Zhāng Pián yi ma

小张：便宜吗？

Xiao Zhang：Is it cheap?

Xiǎo Lǐ Yīng gāi shì tā hǎo xiàng hé xǔ duō dà de lǚ xíng shè dōu yǒu hěn hǎo

小李：应该是，它好像和许多大的旅行社都有很好

de hé zuò guān xi
的合作关系。

Xiao Li: It should be. It seems that they have pretty good relationships with many big travel agencies.

Xiǎo Zhāng Ài nà wǒ yě qù chá cha
小张：唉，那我也去查查。

Xiao Zhang: Well, I'll go and check it out then.

Xiǎo Lǐ Bú guo nǐ zuì hǎo yě hé qí tā de lǚ xíng shè huò zhě lǚ yóu wǎng zhàn shang de jià gé bǐ jiào yí xià zài zuò jué dìng
小李：不过你最好也和其他的旅行社或者旅游网站上的价格比较一下再做决定。

Xiao Li: But you'd better compare their prices with those of other travel agencies or travel websites before making your decision.

3.

Xiǎo Zhāng Wǒ shàng cì zài Yì lóng mǎi le fēi jī piào gěi wǒ dǎ le wǔ zhé ne
小张：我上次在易龙买了飞机票，给我打了五折呢。

Xiao Zhang: I bought a plane ticket from Elong last time, and they gave me 50 percent discount.

Xiǎo Lǐ Zhè me duō a Shì dàn jì ba
小李：这么多啊？是淡季吧？

Xiao Li: That much? Was it the low season?

Xiǎo Zhāng Yǒu kě néng bú guò hǎo xiàng tā men de xì tǒng chū le diǎnr shén me wèn tí suǒ yǐ bǎ wǒ de yù dìng xìn xī gěi diū le
小张：有可能，不过好像他们的系统出了点儿什么问题，所以把我的预订信息给丢了。

Xiao Zhang: It's possible. But something went wrong with their system, it seems, and they lost my reservation.

Xiǎo Lǐ Nà zěn me bàn
小李：那怎么办？
Xiao Li: What happened then?

Xiǎo Zhāng Wǒ zài yīng gāi shōu dào piào de nà tiān méi yǒu shōu dào jiù gěi tā men kè fú dǎ diàn huà tóu sù
小张：我在应该收到票的那天没有收到，就给他们客服打电话投诉。
Xiao Zhang: I didn't get the ticket on the day that I should have gotten, and so I made a complaint call to their customer service.

Xiǎo Lǐ Rán hòu ne
小李：然后呢？
Xiao Li: What happened next?

Xiǎo Zhāng Tā men gěi wǒ chá le yí xià shuō shù jù yǒu kě néng diū shī le shì tā men de zé rèn Yú shì tā men àn zhào wǒ yù dìng de jià gé yòu gěi wǒ bǔ bàn le yì zhāng
小张：他们给我查了一下，说数据有可能丢失了，是他们的责任。于是他们按照我预订的价格又给我补办了一张。
Xiao Zhang: They checked for me and said that they might have lost my reservation, and that it was their fault. So they issued me another one with the price I booked in advance.

Xiǎo Lǐ Hái bú cuò ma
小李：还不错吗？
Xiao Li: That is not bad, isn't it?

Xiǎo Zhāng Shì a wǒ gǎn jué tā men de tài du hái kě yǐ
小张：是啊，我感觉他们的态度还可以。
Xiao Zhang: Yes. I felt their altitude was pretty good.

Xiǎo Lǐ Xià cì lǚ yóu wǒ yě qù nàr dìng
小李：下次旅游我也去那儿订。
Xiao Li: I'll also book my tickets with them the next time I travel.

词　汇
Vocabulary

对话 1

估计　gūjì /estimate

到处　dàochù /everywhere

组织　zǔzhī /organize

哪怕　nǎpà /even if

长假　cháng jiǎ /long holiday

安排　ānpái /arrange

日子　rìzi /day

无论……还是　wúlùn… háishi /no matter...or

火车票　huǒchēpiào /train ticket

飞机票　fēijīpiào /plane ticket

折扣　zhékòu /discount

旅游网站　lǚyóu wǎngzhàn /travel website

著名的　zhùmíng de /famous

对话 2

听说　tīngshuō /hear, hear of, hear about

推出　tuīchū /recommend, provide, supply

酒店搜索　jiǔdiàn sōusuǒ /search for a hotel; hotel search

酒店预订　jiǔdiàn yùdìng /book hotel; hotel reservation

功能　gōngnéng /function

服务　fúwù /service

出差　chūchāi /go on business

旅游套餐　lǚyóu tàocān /travel package service

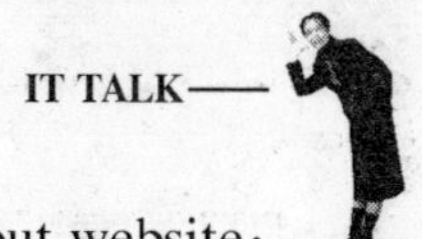

网站查询　wǎngzhàn cháxún /inquire about website；website inquiry

旅行社　lǚxíngshè /travel agency

合作关系　hézuò guānxì /partnership；business relationship

价格　jiàgé /price

比较　bǐjiào /compare

做决定　zuò juédìng /make decisions

对话 3

淡季　dànjì /slack season，off season

有可能　yǒu kěnéng /possible；have the possibility

好像　hǎoxiàng /as if；seem

系统　xìtǒng /system

预订信息　yùdìng xìnxī /reservation(information)

丢　diū/lose

客服　kèfú /customer service

投诉　tóusù /complain

查　chá /check，examine

数据　shùjù /data

责任　zérèn /responsibility，duty

按照　ànzhào /according to

补办　bǔbàn /to do sth. after the time it should have been done

态度　tàidu /attitude

相关用语
Relevant Expressions

wàng jì
◉ 旺季
busy season; rush season

Wǎng shang dìng piào kě kào ma
◉ 网上订票可靠吗?
Is it reliable to book tickets from the net?

Yǒu wǒ yào de hángbān chē cì ma
◉ 有我要的航班/车次吗?
Do you have the flight/ train number I want?

Jià gé shì duōshao
◉ 价格是多少?
How much is it?

Shén me shí hou chū piào
◉ 什么时候出票?
When will the ticket be issued?

Zěn me qǔ piào
◉ 怎么取票?
How can I collect the ticket?

Tā men gěi sòng piào ma
◉ 他们给送票吗?
Do they deliver tickets?

zì yóu xíng
◉ 自由行
travel by oneself; free and easy

cān jiā lǚ xíngtuán
◉ 参加旅行团

join a tour group

yù dìng fángjiān
◉ 预订 房间
book rooms in advance

yù dìng jī piào huǒ chēpiào
◉ 预订机票/火车票
book air tickets/train tickets in advance

Wǎng shang dìng piào bú yòng pái duì
◉ 网 上 订 票不用 排队。
You don't need to line up to book online.

语言文化小贴士 Language Tips

1. “七天长假”指放假 7 天。根据中国惯例,“春节”,“五一”劳动节,“十一”国庆节这三大节日一般国家会规定将周六和周日两天与法定假日连在一起,让大家连续享受七天的假日,以方便旅游和购物。

“Qī tiān cháng jià”refers to seven days of holiday. Customarily, the three holidays of“Spring Festival”, “May 1st Labor Day”, and“October 1st National Day” has seven days of holiday. The government regulates that the Saturday and Sunday are linked together with the legal holidays in order to let people enjoy seven days off work, and thus making it more convenient for people to go traveling and shopping.

2. “投诉”在中国和在国外一样,是服务不满意的时候客户直接向商家表示的一种方式,其主要目的是达到沟通,解决购买中的问题。

"Complain" in China is similar to its counterpart meaning abroad. It is a way for customers to express their dissatisfaction to the sellers when they are not satisfied with the service or goods.

网站导航
Meshwork navigation

"易龙"(www. elong. com)、"携程"(www. ctrip. com)是中国比较知名的旅游服务类网站,提供旅游信息,酒店搜索预定以及火车票、飞机票网上订购等服务。

"Yìlóng" (www. elong. com) and "Xiéchéng" (www. ctrip. com) are the more reputable travel web-

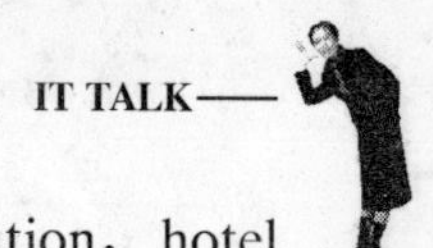

sites in China, providing travel information, hotel search and reservation, as well as online train and air tickets reservation, etc.

练 习 Exercises

1. 选择最适合的词填空。Fill the blanks with the most suitable phrase given.

1) 放长假,公司____外出旅游,我们一起在网上订了飞机票。

A. 组织　B. 发起　C. 解决　D. 组成

2) 那个餐厅的服务____很好,菜也好吃,大家都很喜欢去那吃饭。

A. 态度　B. 问题　C. 麻烦　D. 价格

3) "如果你们再不给我解决这个问题,我就要____了。"

A. 投降　B. 投诉　C. 投递　D. 投掷

2. 根据上下文完成句子。Complete the sentences below according to its contexts.

1) 我们刚下飞机,送我们去____休息吧。

2) 去旅行社买飞机票太贵了,我们还是在____吧。

3) 这日子无论是买火车票还是汽车票都是____事。

答案 Answer:

1.

1) A

2) A

3) B

网上招聘与求职
Unit 12 Online Employment & Job Search

必备用语 Key Expressions

zhāo pìn
◉ 招聘

hire sb. for a job; recruit and employ through advertisements and interviews, etc.

zhāo rén
◉ 招人

hire sb. for a job

qiú zhí
◉ 求职

apply for a job

yìng pìn
◉ 应聘

answer to an advertisement or examination of employment

zhǎo gōng zuò
◉ 找工作

look for a job

Nǐ sōu dào hé shì de zhí wèi le ma
◉ 你搜到合适的职位了吗?
Have you found a suitable job?

fā tóu jiǎn lì
◉ 发/投简历
send/deliver/hand in a resume

děng dài huí yīn
◉ 等待回音
wait for a reply/ an answer

shēn qǐng shén me zhí wèi
◉ 申请什么职位
apply for which position

tōng guò miàn shì
◉ 通过面试
pass the interview

bèi lù qǔ le
◉ 被录取了
be employed; be recruited

hǎo gōng zuò
◉ 好工作
good job

gōng xǐ gōng xǐ
◉ 恭喜恭喜
congratulation(s)

dài yù zěn me yàng
◉ 待遇怎么样?
How is the remuneration (pay)?

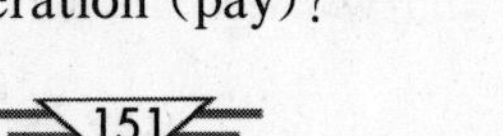

tīng qǐ lái bú cuò
◉ 听起来不错。
It sounds pretty good.

情景对话
Situational Dialogues

(Xiao Zhang came to see Xiao Li, and saw that he is searching for something on the Internet.)

1.

Xiǎo Zhāng Nǐ sōu shén me ne
小张：你搜什么呢？
Xiao Zhang: What are you searching for?

Xiǎo Lǐ Wǒ zài sōu wǒ zhòng yì de nà jǐ ge hǎo zá zhì yǒu méi yǒu zài zhāo rén
小李：我在搜我中意的那几个好杂志有没有在招人。
Xiao Li: I'm searching for several of my favorite magazines to see if they are hiring people.

Xiǎo Zhāng Nà nǐ wèi shén me bú qù zhāo pìn wǎngzhàn chá ya
小张：那你为什么不去招聘网站查呀？
Xiao Zhang: Why don't you check it out on job websites?

Xiǎo Lǐ Qù guo jǐ gè gǎn jué bù hǎo
小李：去过几个，感觉不好。
Xiao Li: I've been to some, but I didn't feel good about them.

Xiǎo Zhāng Wǒ gěi nǐ tuī jiàn liǎng ge zhè liǎng gè dōu bú cuò
小张：我给你推荐两个，www.51job.com 和 www.zhaopin.com，这两个都不错。
Xiao Zhang: I'll recommend two to you, www.51job.com and www.zhaopin.com. Both of them are

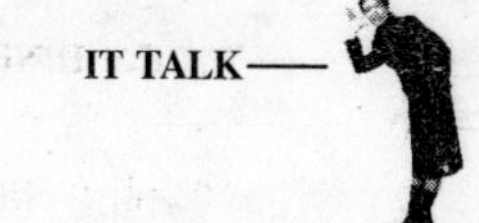

pretty good.

Xiǎo Lǐ Nǐ qù guo ma
小李：你去过吗？

Xiao Li：Have you been there before?

Xiǎo Zhāng Nà dāng rán le wǒ xiàn zài zhè ge gōng zuò jiù shì zài shang kàn dào de Wǒ xiān fā le jiǎn lì rán hòu jiù děng dài huí yīn zuì hòu tōng guò le miàn shì jiù bèi lù qǔ le
小张：那当然了，我现在这个工作就是在 51job 上看到的。我先发了简历，然后就等待回音，最后通过了面试，就被录取了。

Xiao Zhang：Of course. I found my present job on 51job. First, I sent my resume, then I waited for a reply, and at last I passed the interview and was employed.

Xiǎo Lǐ Kě shì wǒ xiàn zài zhǐ xiǎng qù hǎo de Yīng wén zá zhì bù xiǎng qù bié de zá zhì
小李：可是我现在只想去好的英文杂志，不想去别的杂志。

Xiao Li：But now I only want to work in a good English magazine, and don't want to work in other magazines.

Xiǎo Zhāng Nà nǐ qù nàr zhǎo yě bǐ nǐ yí gè yí gè zá zhì sōu suǒ yào kuài de duō ya
小张：那你去那儿找也比你一个一个杂志搜索要快得多呀。

Xiao Zhang：Well, it would still be faster to search there than searching one by one.

Xiǎo Lǐ Nǐ shuō de yǒu dào lǐ
小李：你说的有道理。

Xiao Li：What you said is reasonable.

2.

Xiǎo Zhāng Nǐ sōu dào hé shì de zhí wèi le ma
小张：你搜到合适的职位了吗？

Xiao Zhang: Have you found a suitable job?

Xiǎo Lǐ　Hái méi yǒu na　bú guò zhè ge　wǎngzhàn xìn xī hái zhēn shi
小李：还没有呢，不过这个 51job 网站信息还真是
tǐng quán de
挺全的。

Xiao Li: Not yet, but this 51job website has almost everything, it's rather complete.

Xiǎo Zhāng　Yì bān nǐ shàng zhè ge wǎng　qù bú qù bié de yě jiù wú suǒ wèi
小张：一般你上这个网，去不去别的也就无所谓
le
了。

Xiao Zhang: Usually if you search on this website, it doesn't matter whether you go on other websites or not.

Xiǎo Lǐ　Méi cuò　dí què rú cǐ
小李：没错，的确如此。

Xiao Li: You're right. It is exactly like this.

Xiǎo Zhāng　duō kàn kan
小张：多看看。

Xiao Zhang: Check thoroughly.

Xiǎo Lǐ　Wǒ zhèng zài yí gè gè de kàn　rú guǒ zhǎo dào mǎn yì de jiù bǎ zì
小李：我正在一个个地看，如果找到满意的就把自
jǐ de jiǎn lì àn zhào tā men de xū qiú shāo wēi gǎi yí xià
己的简历按照他们的需求稍微改一下。

Xiao Li: I'm going through them one by one. If I find something satisfactory, I'll make some small changes to my resume according to their requirements.

Xiǎo Zhāng　Wǒ yǒu hěn duō zuò　de péng you　dōu shì zài　shang zhǎo
小张：我有很多做 IT 的朋友，都是在 51job 上找
dào hǎo gōng zuò de
到好工作的。

Xiao Zhang: I have quite a lot of friends in the IT field

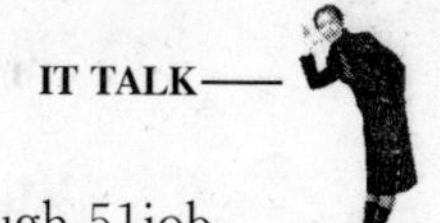

that have found good jobs through 51job.

Xiǎo Lǐ Nán guài nǐ yě tuī jiàn wǒ shàng zhè lǐ lái zhǎo ne
小李：难怪你也推荐我上这里来找呢。

Xiao Li：No wonder you recommended me to look for jobs here.

Xiǎo Zhāng Děng nǐ zhǎo dào le hǎo gōng zuò kě děi qǐng wǒ chī fàn a wǒ jiù bù shōu nǐ zī xún fèi le Hā hā
小张：等你找到了好工作，可得请我吃饭啊，我就不收你咨询费了。哈哈。

Xiao Zhang：When you find a good job，you'll have to treat me to dinner. In that case，I won't charge you for consultation fees. Ha ha.

Xiǎo Lǐ Méi wèn tí rú guǒ zhǎo dào hǎo gōng zuò bié shuō yí dùn le shí dùn dōu chéng a
小李：没问题，如果找到好工作，别说一顿了，十顿都成啊。

Xiao Li：No problem. If I find a good job，I'll even treat you to ten meals，not to mention one.

(Two weeks later.)

3.

Xiǎo Lǐ Gē menr de wǒ tài ài nǐ le
小李：哥们儿的，我太爱你了。

Xiao Li：Hi，brother，I love you so much.

Xiǎo Zhāng Bèi nǐ zhè me shuō zhēn ròu má zěn me le
小张：被你这么说，真肉麻。怎么了？

Xiao Zhang：Stop it！ How sickening. What's up?

Xiǎo Lǐ Wǒ zài nǐ gěi wǒ tuī jiàn de wǎng shang zhǎo dào le yí gè hǎo gōng zuò
小李：我在你给我推荐的 51job 网上找到了一个好工作。

Xiao Li：I found a good job on 51job website that you recommend to me.

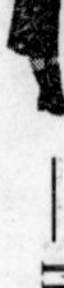

Xiǎo Zhāng Zhēn de a Gōng xǐ gōng xǐ Nǎ jiā a
小张：真的啊？恭喜恭喜。哪家啊？

Xiao Zhang: Really? Congratulations. Which company?

Xiǎo Lǐ Ō shì yì jiā gāo dàng shí shàng lèi Yīng yǔ zá zhì zhǔ yào zhēn duì zài Zhōngguó de wài guó shāng wù rén shì
小李：哦，是一家高档时尚类英语杂志，主要针对在中国的外国商务人士。

Xiao Li: Oh, it's a top grade English fashion magazine, mainly targeting at foreign businessmen in China.

Xiǎo Zhāng Tīng qǐ lái bù cuò
小张：听起来不错。

Xiao Zhang: It sounds great.

Xiǎo Lǐ Nà dāng rán le
小李：那当然了。

Xiao Li: Certainly.

XiǎoZhāng Dài yù zěn me yàng
小张：待遇怎么样？

Xiao Zhang: What about the pay?

Xiǎo Lǐ Méi de shuō bǐ xiàn zài hǎo duō le
小李：没的说，比现在好多了。

Xiao Li: Of course, it's much better than the present one.

Xiǎo Zhāng Qǐng kè qǐng kè
小张：请客，请客。

Xiao Zhang: Treat, treat.

Xiǎo Lǐ Méi wèn tí Xiǎng chī shén me nǐ jǐn guǎn shuō wǒ xiè nǐ hái lái bù jí ne
小李：没问题。想吃什么你尽管说，我谢你还来不及呢。

Xiao Li: No problem. What would you like to eat? Just name it. I really appreciate your help.

Xiǎo Zhāng Zhēn de
小张：真的？

Xiao Zhang：Really?

Xiǎo Lǐ　Zhēn de　bú piàn nǐ　Bú jiù shì chī fàn ma　xiǎo yì si
小李：真的，不骗你。不就是吃饭嘛，小意思。

Xiao Li：Really. No kidding. It's only a meal，no problem.

XiǎoZhāng　Nà qù chī hǎi xiān zěn me yàng
小张：那去吃海鲜怎么样？

Xiao Zhang：Well，how about seafood then?

Xiǎo Lǐ　Zǒu　Zan men zhè jiù qù
小李：走！咱们这就去。

Xiao Li：Come on，let's go now.

XiǎoZhāng　Hēi　zhēn bàng　Gē menr　zǒu
小张：嘿，真棒！哥们儿，走。

Xiao Zhang：Hey，terrific！Chap，come on.

词　汇 Vocabulary

对话 1

中意的　zhòngyì de/favorite；like；satisfactory

招人　zhāo rén /hire sb.，recruit sb.，employ sb.

招聘网站　zhāopìn wǎngzhàn /job searching（employment）website

查　chá/check；search for

推荐　tuījiàn /recommend

简历　jiǎnlì /resume

等待回音　děngdài huíyīn /wait for a reply or answer

最后　zuìhòu /at last；finally

通过　tōngguò /pass

面试　miànshì /interview

录取　lùqǔ /recruit, employ

有道理　yǒu dàolǐ /reasonable

对话 2

合适的　héshì de /appropriate;suitable, proper

职位　zhíwèi /position, job

无所谓　wúsuǒwèi /don't care, doesn't matter if

满意的　mǎnyì de /satisfactory, satisfied

需求　xūqiú /requirement, demand

稍微　shāowēi/a little;in some sort

改　gǎi /change

咨询费　zīxúnfèi /consultation fee

对话 3

肉麻　ròumá /fulsome, sickening, disgusting

恭喜　gōngxǐ /congratulate; congratulation

高档　gāodàng /top grade

时尚　shíshàng /fashion, style

针对　zhēnduì /aim at

外国　wàiguó /foreign country

商务　shāngwù /business affairs; commerce

人士　rénshì /person, personnel

待遇　dàiyù /treatment, remuneration

请客　qǐngkè /treat

骗　piàn /cheat

海鲜　hǎixiān /sea food

相关用语 Relevant Expressions

qiú zhí xìn
◉ 求职信
job application letter

Nǎr zhāo rén
◉ 哪儿招人?
Which company is hiring/employing?

Yǒu shén me hǎo zhí wèi
◉ 有什么好职位?
Are there any good/ suitable positions?

Nǐ men zhāo pìn shén me zhí wèi
◉ 你们招聘什么职位?
What positions are you hiring for ?

Nǐ yìng pìn shén me zhí wèi
◉ 你应聘什么职位?
What position are you applying for?

yǒu zhí wèi kōng quē
◉ 有职位空缺
Are there any job vacancies?

zhí wèi mǎn le
◉ 职位满了
no vacancy

děngxìnr
◉ 等信儿
wait for a notice/answer

luò xuǎn
◉ 落选

not chosen

bèi xuǎn de
◉ 备选的
shortlisted;on the waiting list

yōu xiù rén cái
◉ 优秀人才
talented personnel

liè tóu gōng sī
◉ 猎头公司
head hunting company

wā rén
◉ 挖人
grab talented personnel

wā qiáng jiǎo
◉ 挖墙角
cut the ground from under sb's feet; undermine the foundation

语言文化小贴士
Language Tips

1. "没的说"在这儿表示"不成问题,没有申说的必要",相当于"好得都不用说了"。

"Méi de shuō" here means "having no problems or unnecessary to say", and is similar to "it's so good that it's not necessary to say anything more."

2. "肉麻"的意思是"轻佻的或虚伪的言语、举动所引起的不舒服的感觉"。中国人一般表达感情要比西方人含蓄,所以一旦有感情表达比较热烈的时候,除了特别亲

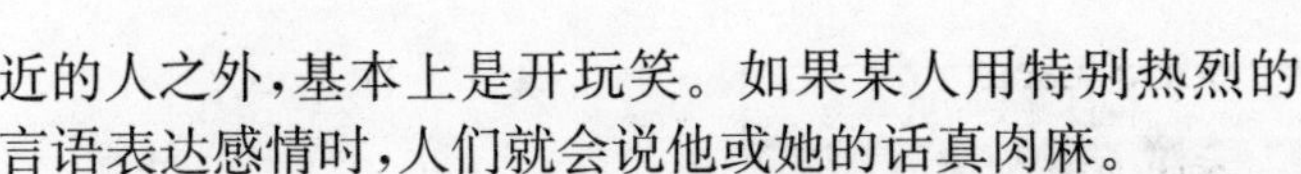

近的人之外，基本上是开玩笑。如果某人用特别热烈的言语表达感情时，人们就会说他或她的话真肉麻。

"Ròumá" means "feeling uncomfortable due to one's frivolous words, false flattery or behavior". Unlike foreigners who tend to be more open, Chinese people usually express their feelings very reservedly. So if a Chinese, except to close, beloved family and friends, expresses his or her feelings warmly, it mostly indicates that he or she is kidding or making fun. When one is kidding, and expresses his or her feelings with exaggerated warm words, people would say that what he or she says is fulsome or sickening.

网站导航 Meshwork navigation

"51工作"(www.51job.com)和"招聘"(www.zhaopin.com)是中国两个专业做人力资源的网站,提供人才招聘,猎头等相关服务。随着互联网的逐渐普及,网络招聘成为年轻人乐于使用的应聘方式。

"51job"(www.51job.com) and "Zhaopin"(www.zhaopin.com) are two websites in China that specializes in human resources, providing personnel employment and head hunting services, etc. As the Internet becomes more common, online job searching and employment has become a leisure way of getting a job for young people nowadays.

练　习 Exercises

1. 选择最适合的词填空。Fill the blanks with the most suitable words /phrases given.

1) 你不是想认识那个电影明星吗?我给你______一下吧,我和她很熟悉的。
A. 解释　B. 介绍　C. 介入　D. 说服

2) 如果你想给招聘方留下好印象,第一步就是你的______必须用心写,不然就没有面试的机会了。
A. 简介　B. 资历　C. 简历　D. 学历

3) "面试以后您是否被______,我们会电话通知您。"
A. 录取　B. 录音　C. 录入　D. 解雇

2. 根据应聘的先后顺序排列相关词语并用口语表述出来。Rearrange the words according to the order of a

normal hiring procedure and read it out.

发简历　　网上搜索　　被录用　　去面试

答案 Answer：

1\.

1）B　　2）C　　3）A

Unit 13 网络社区连接你我他 Connected Through Network Communities

必备用语 Key Expressions

gào su nǐ ge huài hǎo xiāo xi
◉ 告诉你个坏/好消息
tell you a bad/good news

mǎi fáng
◉ 买房
buy a house

zū fáng
◉ 租房
rent a house

lóu pán
◉ 楼盘
estate

èr shǒufáng
◉ 二手房
resale houses (homes)

lí bù yuǎn
◉ 离……不远
not far from

wǎng luò shè qū
◉ 网络社区
network community

gè zhǒng lùn tán
◉ 各种论坛
various forum

xiǎo qū
◉ 小区
small living quarters; neighborhood

wù yè guǎn lǐ
◉ 物业管理
housing (estate) management

jiāo fáng
◉ 交房
hand over houses

zī xún zhuān jiā
◉ 咨询专家
consulting expert

情景对话 Situational Dialogues

(Xiao Zhang bought a house. He told Xiao Li about it.)

1.

Xiǎo Zhāng Gào su nǐ ge huài xiāo xi wǒ yǒu kě néng hěn kuài jiù bù hé nǐ yì qǐ zhù le
小张：告诉你个坏消息，我有可能很快就不和你一起住了。

Xiao Zhang: I have a piece of bad news. Maybe I won't be able to live with you soon.

Xiǎo Lǐ　Á　Nǐ mǎi fáng zi le
小李：啊？你买房子了？
Xiao Li: What? Have you bought a house?

Xiǎo Zhāng　Dá duì le　Wǒ mǎi le　dì yī chéng　de fáng zi
小张：答对了。我买了“第一城”的房子。
Xiao Zhang: Right. I bought a house in the "First City".

Xiǎo Lǐ　Wǒ zěn me méi tīng shuō guo zhè ge lóu pán　nǐ zài nǎr　kàn dào de a
小李：我怎么没听说过这个楼盘，你在哪儿看到的啊？
Xiao Li: How come I have never heard of this estate? Where did you find it?

Xiǎo Zhāng　Zài wǎng shang　Jiāo diǎn wǎng yǒu zhuān mén tǎo lùn xīn lóu pán de wǎng luò shè qū　wǒ jiù shì zài nà lǐ zhī dào de
小张：在网上。焦点网有专门讨论新楼盘的网络社区，我就是在那里知道的。
Xiao Zhang: On the Internet. Jiaodian website has a network community that discusses new estates especially. I got to know it there.

Xiǎo Lǐ　Nǐ zài nàr　dōu néng kàn dào shén me xìn xī　a
小李：你在那儿都能看到什么信息啊？
Xiao Li: What information can you get there?

Xiǎo Zhāng　Shén me xīn lóu pán　èr shǒu fáng　zū fáng xìn xī　shén me dōu yǒu
小张：什么新楼盘，二手房，租房信息，什么都有。
Xiao Zhang: Everything, including new estates, resale houses, apartment renting information, and so on.

Xiǎo Lǐ　zhēn bú cuò a
小李：真不错啊。
Xiao Li: Not bad.

Xiǎo Zhāng　wǒ hái hé qí tā mǎi le　dì yī chéng　fáng zi de rén zhù cè le yè zhǔ lùn tán
小张：我还和其他买了“第一城”房子的人注册了业主论坛。

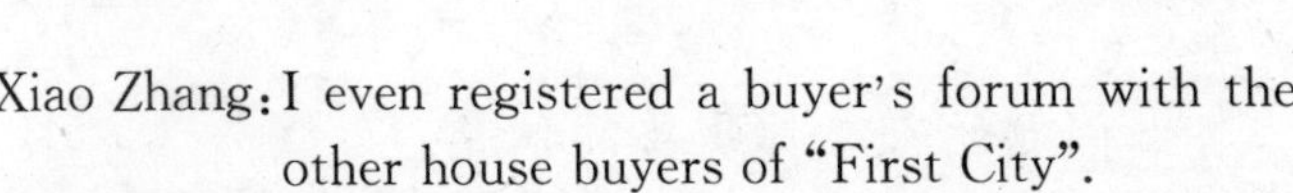

Xiao Zhang: I even registered a buyer's forum with the other house buyers of "First City".

Xiǎo Lǐ　Yè zhǔ lùn tán
小李：业主论坛？

Xiao Li: Owner's forum?

Xiǎo Zhāng　Wǒ men kě yǐ zài yè zhǔ lùn tán shang jiāo liú yǒu guān zì jǐ lóu pán
小张：我们可以在业主论坛上交流有关自己楼盘
de qíng kuàng hé qí tā yǒu yòng de xìn xī　xiàng xiǎo qū wù yè
的情况和其他有用的信息，像小区物业
guǎn lǐ shén me de
管理什么的。

Xiao Zhang: We can exchange news of our own estate and other useful information on the owner's forum, such as estate management of the living quarters.

Xiǎo Lǐ　Wǎng luò shè qū shì nǎ ge wǎng zhàn dōu yǒu ma
小李：网络社区是哪个网站都有吗？

Xiao Li: Does every website have network community?

Xiǎo Zhāng　Bù yí dìng
小张：不一定。

Xiao Zhang: Not necessarily.

Xiǎo Lǐ　Tā shì shén me gài niàn ne　Wǒ zhēn de bú tài dǒng
小李：它是什么概念呢？我真的不太懂。

Xiao Li: What's its conception? I really don't quite understand.

Xiǎo Zhāng　Jiǎn dān de shuō jiù xiāng dāng yú wǎng shang de yí ge xiǎo shè huì huò
小张：简单地说就相当于网上的一个小社会或
jū mín xiǎo qū　rén men kě yǐ zài wǎng luò shè qū shang gōu tōng jiāo
居民小区，人们可以在网络社区上沟通交
liú yǔ shēng huó yī shí zhù xíng yǒu guān de xìn xī　jiù xiàng yí ge
流与生活衣食住行有关的信息，就像一个
dà de liáo tiān shì　zài nàr　nǐ kě yǐ zhǎo dào néng jiě dá nǐ
大的聊天室，在那儿你可以找到能解答你

wèn tí de rén huò nǐ xū yào de xìn xī
问题的人或你需要的信息。

Xiao Zhang: Simply put, it is similar to a small society or residential quarters on the Internet, where people can communicate and exchange information about daily life's trivialities on the network community. Just like a big chatting room, where you can find someone to answer your questions or provide some information you need.

Xiǎo Lǐ Ō wǒ míng bai le
小李:哦,我明白了。

Xiao Li: Oh, I see.

2.

Xiǎo Lǐ Nǐ shàng cì shuō de nà ge shì shén me wǎng lái zhe
小李:你上次说的那个是什么网来着?

Xiao Li: What website did you say last time?

Xiǎo Zhāng Jiāo diǎn wǎng
小张:焦点网(www.focus.cn)。

Xiao Zhang: Jiaodian website, www.focus.cn.

Xiǎo Lǐ Duì duì wǒ qù kàn le kàn guǒ rán yǒu hǎo duō fáng dì chǎn fāng miàn de xìn xī ér qiě yǒu hǎo duō yè zhǔ lùn tán
小李:对对,我去看了看,果然有好多房地产方面的信息,而且有好多业主论坛。

Xiao Li: Yes, that's the one. I checked it out. It really has a lot of information on real estate, and there are many buyers' forums as well.

Xiǎo Zhāng wǒ jīn tiān gāng qù kàn le kàn kāi fā shāng yǐ jīng kuài jiāo fáng zi le hǎo duō yè zhǔ zhèng zài wǎng shang tǎo lùn rú hé zhuāng xiū na
小张:我今天刚去看了看,开发商已经快交房子了,好多业主正在网上讨论如何装修呢。

Xiao Zhang: I just logged on to it today and found out

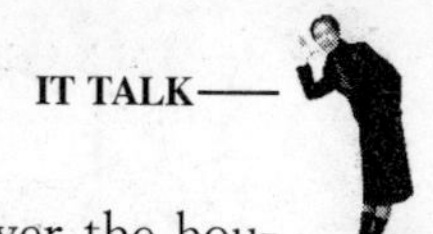

that the developer is handing over the houses soon. Many buyers are discussing how to renovate the house on the net.

Xiǎo Lǐ　Wǒ yě děi gǎn jǐn kàn kan nà shàngmiàn yǒu méi yǒu shì hé wǒ mǎi de fáng zi　nǐ zǒu le　wǒ zì jǐ zhù zhè lǐ duō gū dú a

小李：我也得赶紧看看那上面有没有适合我买的房子，你走了，我自己住这里多孤独啊。

Xiao Li：I should start looking for an appropriate house for myself as soon as possible. After you leave，I will feel very lonely living here.

Xiǎo Zhāng　Nǐ hái yǒu nǚ péng you ne ma

小张：你还有女朋友呢嘛。

Xiao Zhang：You have your girlfriend.

Xiǎo Lǐ　Jiù shì yīn wèi yǒu nǚ péng you a　suǒ yǐ cái yào mǎi fáng zi　Zǒng bù néng kào zū fáng guò yí bèi zi ba

小李：就是因为有女朋友啊，所以才要买房子。总不能靠租房过一辈子吧。

Xiao Li：That's why I'm buying a house. I can't live in rented houses all my life.

Xiǎo Zhāng　Nà dào shì　yào jié hūn de huà hái shi yǒu zì jǐ de fáng zi bǐ jiào hǎo

小张：那到是，要结婚的话还是有自己的房子比较好。

Xiao Zhang：That's right. If you get married，it's better to have your own house.

Xiǎo Lǐ　Wǒ yǐ jīng zài Jiāo diǎn wǎng zhù cè huì yuán le　děng wǒ jué dìng mǎi fáng de shí hou jiù gào su nǐ

小李：我已经在焦点网注册会员了，等我决定买房的时候就告诉你。

Xiao Li：I have registered my membership on Jiaodian website already. I'll tell you when I decide to buy a house.

Xiǎo zhāng Chéng Nǐ hái kě yǐ zài xiàn zī xún yǒu guān zhuān jiā ne
小张：成。你还可以在线咨询有关专家呢。
Xiao Zhang: OK. You can also consult the relevant experts online.

3.

Xiǎo Lǐ Wǒ kàn shang le yí chù fáng zi lí Guó jì Mào yì Zhōng xīn bù yuǎn wǒ bù zhī dào guì bú guì a
小李：我看上了一处房子，离国际贸易中心不远，我不知道贵不贵啊。
Xiao Li: I've found a house I like. It is not far from the International Trade Center. I don't know whether it is expensive or not.

Xiǎo Zhāng Nàr de fáng zi kěn dìng guì Bú guò rú guǒ shì tóu zī yòng de huà kěn dìng yě huá suàn
小张：那儿的房子肯定贵。不过如果是投资用的话，肯定也划算。
Xiao Zhang: The houses there must be very expensive. However if it is used for investments, it is sure to be profitable.

Xiǎo Lǐ Wǒ zài wǎng shang zī xún de zhuān jiā yě shì zhè me huí dá wǒ de Kě shì wǒ bú shì wèi le tóu zī ér shì wèi le zì jǐ zhù
小李：我在网上咨询的专家也是这么回答我的。可是我不是为了投资，而是为了自己住。
Xiao Li: The expert I consulted on the net gave me the same answer. But I'm not buying the house for investment. It's for living.

Xiǎo Zhāng Nà nǐ jiù zhǎo ge qí tā dì fang de hé shì diǎnr de jiù xíng bié tài yuǎn jià qián yě huì bǐ nà lǐ dī yì xiē
小张：那你就找个其他地方的，合适点儿的就行。别太远，价钱也会比那里低一些。
Xiao Zhang: You can look for other places then. It's all right as long as it fits you. Don't buy a house that's too far away, and the price will

be lower than that.

Xiǎo Lǐ Wǒ hái shùn biàn qù zhuāng xiū lùn tán kàn le kàn yǒu hǎo duō zǔ zhī wǎng yǒu men yì qǐ tīng de zhuāng xiū kè ne

小李：我还顺便去装修论坛看了看，有好多组织网友们一起听的装修课呢。

Xiao Li: I went to the decoration forum by the way, and there are many home decoration classes for net friends to attend.

Xiǎo Zhāng Wǒ zhè zhōu liù yǒu shí jiān nǐ yào bú yào yì qǐ qù tīng

小张：我这周六有时间，你要不要一起去听？

Xiao Zhang: I'm free on this Saturday. Do you want to go and listen with me?

Xiǎo Lǐ Hǎo a fǎn zhèng tí qián xué yi xué yě méi yǒu shén me huài chù

小李：好啊，反正提前学一学，也没有什么坏处。

Xiao Li: OK. Anyway, it's not bad to learn something before hand.

Xiǎo Zhāng Wǒ shàng yè zhǔ lùn tán zài zhǎo xiē yè zhǔ yì qǐ qù

小张：我上业主论坛再找些业主一起去。

Xiao Zhang: I will find some buyers on the buyer's forum to go together.

Xiǎo Lǐ Hǎo méi wèn tí

小李：好，没问题。

Xiao Li: All right. No problem.

Xiǎo Zhāng Zhōu liù bié wàng le nà tiān nǐ kě bié jiā bān yo

小张：周六别忘了，那天你可别加班哟。

Xiao Zhang: Don't forget, it's this Saturday. And don't work overtime on that day.

Xiǎo Lǐ Bú huì de

小李：不会的。

Xiao Li: No, I won't.

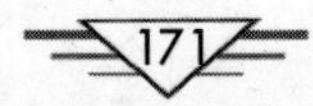

词 汇
Vocabulary

对话 1

坏消息 huài xiāoxi /bad news

很快 hěn kuài /soon, quickly

买房子 mǎi fángzi /buy a house

楼盘 lóupán /estate

网络社区 wǎngluò shèqū /network community

信息 xìnxī /information

二手房 èrshǒufáng /resale houses (homes)

租房 zūfáng /rent a house

业主 yèzhǔ /house owner

论坛 lùntán /forum

交流 jiāoliú /exchange

小区 xiǎoqū /small living quarters; neighborhood

物业管理 wùyè guǎnlǐ /housing (estate) management

概念 gàiniàn /concept

懂 dǒng /understand

简单地说 jiǎndān de shuō /briefly (simply) speaking

相当于 xiāngdāng yú /similar to; equal to; more or less the same with

社会 shèhuì /society

居民小区 jūmín xiǎoqū /residential (living) quarters

沟通 gōutōng/communicate; communication

衣食 yī shí /clothes and food

聊天室　liáotiānshì /chat room

解答　jiědá/answer questions

对话 2

果然　guǒrán /as expected，sure enough

房地产　fángdìchǎn /real estate

方面　fāngmiàn /aspect

开发商　kāifāshāng /developer

讨论　tǎolùn /discuss

装修　zhuāngxiū /decorate，renovate（a house，etc.）

适合　shìhé /fit，suit，appropriate

孤独　gūdú /lonely

女朋友　nǚpéngyou /girlfriend

结婚　jiéhūn /get married，marry

会员　huìyuán /member

在线咨询　zàixiàn zīxún /online consulting

专家　zhuānjiā /expert

对话 3

国际贸易中心　Guójì Màoyì Zhōngxīn /international trade center

投资　tóuzī /investment

划算　huásuàn /be to one's profit（benefit）

顺便　shùnbiàn /by the way

提前　tíqián /in advance；ahead of time

坏处　huàichù /disadvantage

加班　jiābān /work overtime；work an extra shift

相关用语 Relevant Expressions

Zuì jìn yǒu shén me xiāo xi
◉ 最近有什么消息?
What news have you got recently?

fā bù xìn xī
◉ 发布信息
issue news; release news or information

Wǒ shōudào hǎo duō tiě zi
◉ 我收到好多帖子。
I have received a lot of messages.

yǒu bù shǎo hǎo jiàn yì
◉ 有不少好建议
have many good suggestions or advice

qī fáng
◉ 期房
forward delivery housing

语言文化小贴士 Language Tips

"交房"是指房屋购买者买完房子以后,一切手续齐备,开发商将房子正式交付购买者使用。

"Jiāo fáng" refers to the developer formally handing over the house to the buyer after all the procedures of a house purchase are completed.

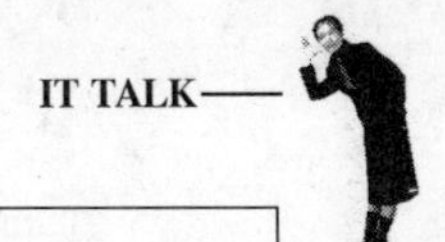

网站导航 Meshwork navigation

"焦点网"(www. focus. cn)是中国一家专门提供房地产信息、论坛、社区服务的网站。

"Jiāodiǎn"(www. focus. cn) is a website specializing in real estate information, forum, and community services in China.

练　习 Exercises

选择最适合的词填空。Fill in the blanks with the most suitable words /phrases given.

1) 我想买房子,可是我看中的______都太贵了。

A. 楼梯　　B. 楼阁　　C. 楼盘　　D. 楼宇

2）我们社区的网上______人太少了。
A. 服务　B. 招聘　C. 投资　D. 论坛

3）听说有专家能够给我们提供______，回答问题，真是太方便了。
A. 在线调查 B. 在线咨询 C. 在线访问 D. 在线聊天儿

4）他要和他______结婚了。
A. 同学　B. 阿姨　C. 女朋友

答案 Answer：

1）C　2）D　3）B　4）C

网络广告无孔不入
Unit 14 Online Advertising Seizing Every Opportunity

必备用语 Key Expressions

Wǒ zuì tǎo yàn nà xiē guǎnggào le
◉ 我最讨厌那些广告了。
I hate those ads. I'm sick of those annoying ads.

Fán sǐ le
◉ 烦死了。
They're really frustrating.

Xiǎng bú kàn dōu bù chéng
◉ 想不看都不成。
You can't avoid seeing it.

Nǐ shuō qì rén bú qì rén
◉ 你说气人不气人。
It is really exasperating, isn't it.

fā guǎnggào
◉ 发广告
distribute ads

méi rén guǎn
◉ 没人管
nobody controls; nobody is in charge

Zhēn kě pà
◉ 真可怕!
How awful!

Zhēn guò fēn
◉ 真过分!
It's going too far.

Shéi shuō bú shì ne
◉ 谁说不是呢?
You can say that again.

gāi sǐ de lā jī yóu jiàn
◉ 该死的垃圾邮件
Damn those junk mails

méi wán méi liǎo de guǎng gào
◉ 没完没了的广告
endless ads

情景对话 Situational Dialogues

(Xiao Zhang and Xiao Li are talking about network ads.)

1.

Xiǎo Lǐ Wǒ zuì tǎo yàn nà xiē guǎng gào le nǐ yì dǎ kāi wǎng yè jiù tán chū wú shù chuāng kǒu lái bǎ rén dōu fán sǐ le

小李:我最讨厌那些广告了,你一打开网页,就弹出无数窗口来,把人都烦死了。

Xiao Li: I hate those ads. As soon as you open the web page, numerous windows would pop out. It's so annoying.

Xiǎo Zhāng Wǒ yě fǎn gǎn nà xiē pò guǎng gào jī hū měi ge wǎng yè dōu yǒu

小张:我也反感那些破广告,几乎每个网页都有,

xiǎng bú kàn dōu bù chéng
想不看都不成。

Xiao Zhang: I'm disgusted with those bad ads too. Almost every web page has them, and you can't even avoid seeing them.

Xiǎo Lǐ Qiàn zài wǎng yè lǐ tou de jiù suàn le wǒ jiù tǎo yàn nà zhǒng tán chū de
小李:嵌在网页里头的就算了,我就讨厌那种弹出的。

Xiao Li: It's OK if it is embedded into the web page. I am annoyed with those pop-out ads.

XiǎoZhāng Wǒ hòu lái yòng yì xiē ruǎn jiàn bǎ tán chū de yè miàn gěi píng bì le dàn shì fā xiàn yǒu yòng de tán chū yè miàn kàn bù liǎo le Nǐ shuō qì rén bú qì rén
小张:我后来用一些软件把弹出的页面给屏蔽了,但是发现有用的弹出页面看不了了。你说气人不气人。

Xiao Zhang: I used some software to block off the pop-out ads, but found out that I blocked off those useful pop-out pages as well. It's going too far, isn't it?

Xiǎo Lǐ Shúi shuō bú shì ne Nà hòu lái ne
小李:谁说不是呢? 那后来呢?

Xiao Li: You can say that again. What did you do then?

Xiǎo Zhāng Hòu lái wǒ zhǐ hǎo bǎ ruǎn jiàn gěi xiè le
小张:后来我只好把软件给卸了。

Xiao Zhang: Hence I had to remove the software.

Xiǎo Lǐ Zhēn má fan
小李:真麻烦。

Xiao Li: It's so troublesome.

XiǎoZhāng Shì a nà xiē wǎng zhàn tí gōng de xīn wén miǎn fèi ràng nǐ kàn suǒ yǐ nǐ zǒng děi ràng rén jiā yǒu dì fang zhuàn qián ba
小张:是啊,那些网站提供的新闻免费让你看,所以你总得让人家有地方赚钱吧?

Xiao Zhang: Yes. Those websites allow you to get information and news free of charge, so you have to let them make money in some ways, right?

Xiǎo Lǐ Nà guǎng gào yě bù néng duō de bǐ zhèng jing nèi róng de yè miàn hái duō ba

小李：那广告也不能多得比正经内容的页面还多吧？

Xiao Li: But those ads shouldn't be more than the pages of serious contents, should it?

Xiǎo Zhāng Nǐ zuì hǎo gěi wǎng zhàn de tí ti yì jiàn Kàn kan shì bú shì guǎn yòng

小张：你最好给网站的 CEO 提提意见。看看是不是管用。

Xiao Zhang: You'd better bring it up to the CEO of the website, and see whether it is useful or not.

2.

Xiǎo Lǐ Qiáo zhè me duō lā jī yóu jiàn yóu xiāng dōu mǎn le Zhēn kě pà

小李：瞧，这么多垃圾邮件，邮箱都满了。真可怕！

Xiao Li: Look, there are so many junk mails. My mailbox is filled up with it. How terrible!

Xiǎo Zhāng Zhè ge tài pǔ biàn le wǒ zhù cè de de yóu xiāng yě zhào yàng dōu shì lā jī yóu jiàn

小张：这个太普遍了，我注册的 VIP 的邮箱，也照样都是垃圾邮件。

Xiao Zhang: This is very common. My registered VIP mailbox is also full of junk mails.

Xiǎo Lǐ Nǐ shuō nà xiē guǎng gào shāng nán dào bù zhī dào zhè me fā guǎng gào zhāo rén fán ma

小李：你说那些广告商难道不知道这么发广告招人烦吗？

Xiao Li: Doesn't those advertisers know that distributing ads in this way annoys people?

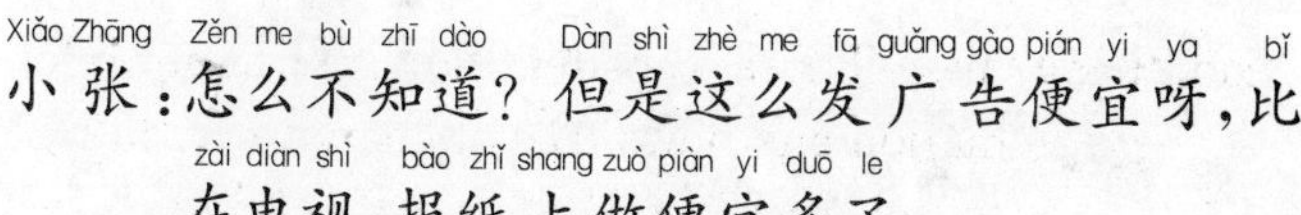

Xiǎo Zhāng Zěn me bù zhī dào Dàn shì zhè me fā guǎng gào pián yi ya bǐ

小张：怎么不知道？但是这么发广告便宜呀，比

zài diàn shì bào zhǐ shang zuò piàn yi duō le

在电视、报纸上做便宜多了。

Xiao Zhang: Of course they know. But it's cheap to distribute ads in this way. It's much cheaper than placing ads on TV or newspaper.

Xiǎo Lǐ Nà wèi miǎn yě tài bù jiǎng dào dé le ba jiù méi yǒu xiāng guān de

小李：那未免也太不讲道德了吧，就没有相关的

fǎ lǜ guǎn guǎn tā men ma

法律管管他们吗？

Xiao Li: That is rather immoral. Aren't there any relevant laws to control them?

Xiǎo Zhāng Wǎng luò fǎ zài guó nèi hái shì yí ge bǐ jiào xīn de lǐng yù

小张：网络法在国内还是一个比较新的领域，

kě néng huì yǒu xiē kòng bái

可能会有些空白。

Xiao Zhang: Network law is still a rather new field at home. There might be some slacks here.

Xiǎo Lǐ Zhēn xiǎng bǎ nà xiē fā lā jī yóu jiàn zhuàn qián de rén sòng shang fǎ tíng

小李：真想把那些发垃圾邮件赚钱的人送上法庭。

Xiao Li: I really want to send those who make money by sending junk mails to court.

Xiǎo Zhāng Hē hē nǐ shì hé qù dāng lǜ shī

小张：呵呵，你适合去当律师。

Xiao Zhang: Huh, you should be a lawyer then.

3.

Xiǎo zhāng Wǒ jīn tiān wánr wǎng luò yóu xì jū rán zài yóu xì de jiè miàn

小张：我今天玩儿网络游戏，居然在游戏的界面

li yě yǒu guǎng gào zhēn guò fēn

里也有广告，真过分！

Xiao Zhang: I was playing Internet games today and found out there were ads even in the game

world. It's really going too far.

Xiǎo Lǐ Á Nà bú shì hěn sǎo xìng
小李：啊？那不是很扫兴！

Xiao Li：What? Doesn't that spoil the fun?

Xiǎo Zhāng Shéi shuō bú shì ne
小张：谁说不是呢？

Xiao Zhang：You can say that again.

Xiǎo Lǐ Ài gāi sǐ de lā jī yóu jiàn tǎo yàn de méi wán méi liǎo de guǎng gào Nán dào wǎngzhàn méi yǒu qí tā de fāng shì zhuànqián ma
小李：唉，该死的垃圾邮件，讨厌的没完没了的广告。难道网站没有其他的方式赚钱吗？

Xiao Li：Oh, damn the junk mails, and those annoying endless ads. Aren't there any other ways for the websites to make money?

Xiǎo Zhāng Yǒu bú guò guǎng gào hái shì zuì zhǔ yào zuì zhí jiē de zhuàn qián tú jìng a
小张：有，不过广告还是最主要、最直接的赚钱途径啊。

Xiao Zhang：Yes, there are. But ads are the most direct and main way of making money.

Xiǎo Lǐ Hǎo zài xiàn zài shì kuān dài shàngwǎng le yào shì bō hào shàngwǎng nà me duō guǎng gào bú shì yào xià zài hěn cháng shí jiān ma
小李：好在现在是宽带上网了，要是拨号上网，那么多广告不是要下载很长时间吗？

Xiao Li：Luckily we can get online through Broadband now. If we used dial-up to get online, how long would it take us to download with so many ads?

Xiǎo Zhāng Shì a Hǎo duō nà zhǒng piāo yí de guǎng gào xiǎo tú piàn hái huì gēn zhe nǐ de shǔ biāo yí dòng nǐ fēi děi diǎn kāi tā cái suàn wán
小张：是啊。好多那种漂移的广告小图片，还会跟着你的鼠标移动，你非得点开它才算完。

Xiao Zhang：Right. Many moving ads with pictures following the movement of your mouse just

won't go away until you click on it.

Xiǎo Lǐ Ài wǒ jué de xiàng yì xiē guó jì xìng de dà wǎng zhàn shǒu yè de
小李:唉,我觉得像一些国际性的大网站,首页的
guǎng gào jiù méi nà me duō
广告就没那么多。

Xiao Li: Alas, I feel that some international major websites don't have that many ads in their home page.

Xiǎo Zhāng Ǹg dà gài tā men bǐ guó nèi de wǎng zhàn yǒu qián ba bú zài hu
小张:嗯,大概他们比国内的网站有钱吧,不在乎
nà diǎnr guǎng gào fèi
那点儿广告费。

Xiao Zhang: Well, perhaps they have more money than our domestic websites, and don't care much for those minimal ads fees.

词　汇 Vocabulary

对话 1

讨厌　tǎoyàn /annoy, dislike
打开　dǎkāi /open
网页　wǎngyè /web page
弹出　tánchū /pump out, spring out
无数　wúshù /countless, numerous
窗口　chuāngkǒu /window
烦　fán /annoy
反感　fǎngǎn /be disgusted with
破广告　pò guǎnggào /bad ads
几乎　jīhū /almost
嵌在　qiàn zài /embed into

软件 ruǎnjiàn /software

屏蔽 píngbì /shield off

正经内容 zhèngjing nèiróng /serious content

对话 2

垃圾邮件 lājī yóujiàn /junk mail

广告商 guǎnggàoshāng /advertisers

电视 diànshì /television

报纸 bàozhǐ /newspaper

道德 dàodé /moral

法律 fǎlǜ /law

管 guǎn /control

网络法 wǎngluòfǎ /network law

领域 lǐngyù /field

空白 kōngbái /blank

法庭 fǎtíng /court

律师 lǜshī /lawyer

对话 3

界面 jièmiàn /interface

过分 guòfēn /going to far

扫兴 sǎoxìng /disappointed；spoil the fun

讨厌的 tǎoyàn de /disgusting，annoying

没完没了 méiwán-méiliǎo /endless

方式 fāngshì /way

主要的 zhǔyào de /main

直接的 zhíjiē de /direct

途径 tújìng /route，way

下载 xiàzài /download

漂移 piāoyí /floating, moving
国际性的 guójìxìng de /international
首页 shǒuyè /first page, home page
广告费 guǎnggàofèi /ad fee

相关用语 Relevant Expressions

◉ Yòu lái le
又来了。
It comes again.

◉ Yòu shì guǎnggào
又是广告。
It's ads again.

◉ Zhēn tǎo yàn
真讨厌!
How disgusting! /How annoying!

◉ Fán bù fán na
烦不烦哪!
Isn't it annoying?! It's going too far.

◉ Guānshang
关上
shut up

◉ Huáng sè guǎnggào
黄色广告
pornographic ads; salacious ads

◉ Huáng sè wǎngzhàn
黄色网站
pornographic (salacious) website

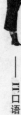

Sè qíng
◉ 色情
eroticism; sexual

语言文化小贴士
Language Tips

1. CEO 是互联网行业兴起后，从国外引进的外来语，中文翻译为：首席执行官。

考试又不及格！你看
看人家，你再看看你，
成天就知道玩儿！

CEO is an abbreviation of Chief Executive Officer. It is a foreign word introduced into China through the Internet. Its Chinese translation is "shǒuxí zhíxíngguān".

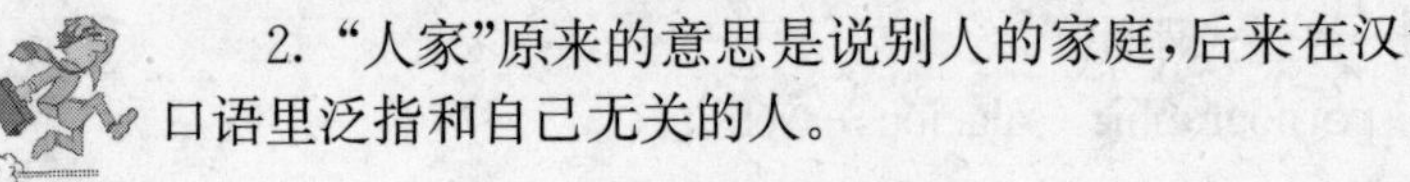

2. "人家"原来的意思是说别人的家庭，后来在汉语口语里泛指和自己无关的人。

"Rénjia" was originally used to mention someone else's family. Now, it has evolved to indicate people who have no relationship with oneself in colloquial Chinese.

练　习 Exercises

选择最适合的词填空。Fill in the blanks with the most suitable words/phrases given.

1）电视上不断出现的广告可真是______。

A. 烦人　　B. 爱人　　C. 客人　　D. 可人

2）我们明天就要上法庭了，我很信任我的______，相信他能帮我打赢官司。

A. 老师　　B. 教师　　C. 律师　　D. 厨师

3）这个世界不能只讲道德而没有______的约束，毕竟人的自制力是很差的。

A. 法律　　B. 纪律　　C. 宪法　　D. 法官

4）垃圾邮件和网络______让我很反感。

A. 广告　　B. 游戏　　C. 咨询

5）______的战争让这个国家非常贫穷。

A. 正义　　B. 没完没了　　C. 庄严

答案 Answer：

1）A　　2）C　　3）A　　4）A　　5）B

电脑病毒
Unit 15 Computer Viruses

必备用语
Key Expressions

diànnǎo bìng dú
◉ 电脑病毒
computer virus

Wǒ de diànnǎo zhōng dú le
◉ 我的电脑 中 毒了。
My computer is struck by virus.

Diànnǎo tānhuàn le
◉ 电脑瘫痪了。
Computer crashed (broken down).

Xiàn zài liú háng bìng dú
◉ 现在流行……病毒。
Now the... virus is spreading (circulating).

bìng dú fā zuò
◉ 病毒发作
virus outbreak

bìng dú gōng jī zhěng gè wǎng luò xì tǒng
◉ 病毒攻击整个网络系统
virus attacks the whole network system

shǐ yòng shā dú ruǎnjiàn shā dú
◉ 使用杀毒软件杀毒
use anti-virus software to eliminate the viruses

wénjiàn xì tǒng bèi pò huài
◉ 文件/系统被破坏
file/system is destroyed

xū yào chóng zhuāng xì tǒng
◉ 需要重装系统
need to reinstall the system

wénjiàn diū shī
◉ 文件丢失
file is lost

sǐ jī
◉ 死机
crash

chóng qǐ
◉ 重启
reboot

情景对话 Situational Dialogues

(After booting up his computer, Xiao Li discovers that he can't access the computer system. So he asks Xiao Zhang for help.)

1.

Xiǎo Lǐ Āi ya Wǒ de diàn nǎo zěn me jìn bú qù le
小李:哎呀!我的电脑怎么进不去了。
Xiao Li: My God! How come my computer is inaccessi-

ble?

(Comes to xiao Zhang)

Xiǎo Lǐ Xiǎo Zhāng nǐ bāng wǒ kàn kan wǒ de diàn nǎo zěn me le

小李：小张，你帮我看看，我的电脑怎么了？

Xiao Li：Xiao Zhang, please help me check what is wrong with my computer.

Xiǎo Zhāng Chóng qǐ guo ma

小张：重启过吗？

Xiao Zhang：Have you rebooted?

Xiǎo Lǐ Chóng qǐ le kě hái shi jìn bú qù Diàn nǎo tān huàn le

小李：重启了，可还是进不去。电脑瘫痪了。

Xiao Li：Yes, but I still can't get in. It's crashed.

Xiǎo Zhāng Kě néng shì nǐ de diàn nǎo zhòng dú le

小张：可能是你的电脑中毒了。

Xiao Zhang：Perhaps your computer has virus.

Xiǎo Lǐ Zhòng dú le shén me dú

小李：中毒了？什么毒？

Xiao Li：Struck by virus? What virus?

Xiǎo Zhāng Diàn nǎo bìng dú Xiàn zài liú xíng rú chóng bìng dú mù mǎ bìng dú děng

小张：电脑病毒。现在流行蠕虫病毒、木马病毒等。

Xiao Zhang：Computer virus. There's worm and trojan virus on the spread now.

Xiǎo Lǐ Zhè me duō bìng dú a Tā men shì zěn me jìn rù wǒ de diàn nǎo ne

小李：这么多病毒啊！他们是怎么进入我的电脑呢？

Xiao Li：So many of them. How did they enter into my computer?

Xiǎo Zhāng Tōng guò wǎng shang xià zài de wén jiàn yóu jiàn de fù jiàn děng jìn rù diàn nǎo de Jīn tiān jǐ hào

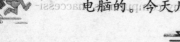

小张：通过网上下载的文件、邮件的附件等进入电脑的。今天几号？

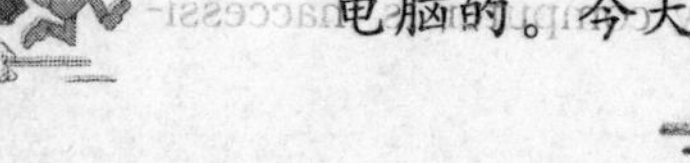

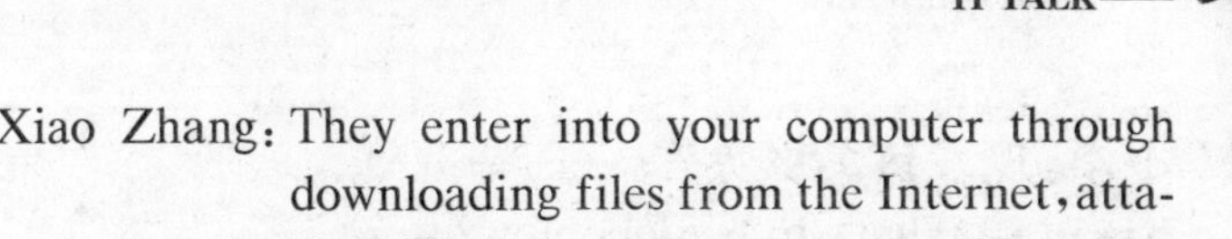

Xiao Zhang: They enter into your computer through downloading files from the Internet, attached files of emails and so on. What date is it today?

Xiǎo Lǐ shísān hào
小李：13号。

Xiao Li: 13th.

XiǎoZhāng Ō duì le jīn tiān shì shísān hào hēi sè xīng qī wǔ bìng dú fā zuò de rì zi
小张：哦，对了，今天是13号，黑色星期五，病毒发作的日子。

Xiao Zhang: Oh, yes. Today is 13th, the black Friday, the day of virus outbreak.

Xiǎo Lǐ Nà huì zěn me yàng
小李：那会怎么样？

Xiao Li: What happens then?

Xiǎo Zhāng Zhè tiān bìng dú huì gōng jī suǒ yǒu jì suàn jī wǎng luò xì tǒng zào chéng diàn nǎo tān huàn wén jiàn hé shù jù diū shī
小张：这天病毒会攻击所有计算机网络系统，造成电脑瘫痪，文件和数据丢失。

Xiao Zhang: On this day virus may attack all computer network systems, causing computers to crash, and files and data to be lost.

Xiǎo Lǐ Tài kě pà le Nà wǒ de wén jiàn huì bú huì diū ne
小李：太可怕了！那我的文件会不会丢呢？

Xiao Li: How terrible! What about my files? Will I lose them?

XiǎoZhāng shuō bu hǎo
小张：说不好。

Xiao Zhang: It's hard to say.

2.

(Xiao Li begins to worry.)

Xiǎo Lǐ xiàn zài gāi zěn me bàn

小李：现在该怎么办？

Xiao Li：What's to be done now?

XiǎoZhāng Nǐ yǒu shā dú ruǎn jiàn ma

小张：你有杀毒软件吗？

Xiao Zhang：Do you have anti-virus software?

Xiǎo Lǐ Méi yǒu Dāng chū méi yǒu zhuāng

小李：没有。当初没有装。

Xiao Li：No. I didn't install it at the very beginning.

XiǎoZhāng Wǒ xiān zhǎo yí ge zuì xīn bǎn de shā dú ruǎn jiàn gěi nǐ de jī qì shā sha dú

小张：我先找一个最新版的杀毒软件给你的机器杀杀毒。

Xiao Zhang：I'll look for a latest anti-virus software for you to eliminate the viruses in your computer.

Xiǎo Lǐ Nà wén jiàn ne

小李：那文件呢？

Xiao Li：What about my files?

Xiǎo Zhāng Shā wán dú hòu kàn kan rú guǒ wén jiàn bèi pò huài le jiù cháng shì zhe xiū fù rú guǒ wú fǎ xiū fù jiù méi yǒu bàn fǎ le

小张：杀完毒后看看，如果文件被破坏了，就尝试着修复，如果无法修复，就没有办法了。

Xiao Zhang：We'll have to see after killing the viruses. If the files are affected, we can try to recover them. If they can't be recovered, then nothing can be done.

Xiǎo Lǐ Nà wǒ xiě de xīn gǎo zi jiù bái xiě le yòu děi chóng xīn xiě Zhēn yù men

小李：那我写的新稿子就白写了，又得重新写。真郁闷！

Xiao Li：In that case the new article I wrote would be in vain. I'll have to write it over again. How

frustrating!

Xiǎo Zhāng Méi bàn fǎ xiàn zài yě zhǐ néng zhè yàng le
小张:没办法,现在也只能这样了。

Xiao Zhang: No choice. Now we can only wait and see.

3.

Xiǎo Zhāng Wǒ xiǎng nǐ de diàn nǎo xū yào chóng zhuāng xì tǒng le
小张:我想你的电脑需要重装系统了。

Xiao Zhang: I think your computer needs to be reinstalled.

Xiǎo Lǐ Zhēn zāo gāo Yòu yào huā hǎo cháng de shí jiān
小李:真糟糕!又要花好长的时间。

Xiao Li: It's terrible. It will take a long time again.

Xiǎo Zhāng Hěn bào qiàn Wǒ fēi cháng lǐ jiě nǐ de xīn qíng
小张:很抱歉。我非常理解你的心情。

Xiao Zhang: I'm sorry. I really understand your feeling.

Xiǎo Lǐ Yǐ qián wǒ de diàn nǎo jīng cháng sǐ jī yě shì bìng dú zào chéng de ma
小李:以前我的电脑经常死机,也是病毒造成的吗?

Xiao Li: My computer used to crash quite often. Was it caused by viruses, too?

Xiǎo Zhāng Bù yí dìng yǒu shí shì xì tǒng de wèn tí Rú guǒ shì zǒng sǐ jī jiù yào chóng zhuāng xì tǒng
小张:不一定,有时是系统的问题。如果是总死机,就要重装系统。

Xiao Zhang: Not really. Sometimes it's a system problem. If it always crashes, you'll have to reinstall the system.

Xiǎo Lǐ Rèn hé shì qing dōu yǒu lì bì Diàn nǎo yí dàn chū gù zhàng suǒ
小李:任何事情都有利弊。电脑一旦出故障,所

yǒu de dōng xi jiù huì yí xià quán méi le
有的东西就会一下全没了。

Xiao Li: Anything has its own advantages and disadvantages. Once something goes wrong with the computer, all the things in it are gone.

Xiǎo Zhāng Yóu qí shì duì chuàng zuò rén yuán lái shuō yǒu shí hái bù rú yòng bǐ xiě xià lái ne
小张：尤其是对创作人员来说，有时还不如用笔写下来呢？

Xiao Zhang: Especially to creative people, it would be better to write things down than using computers sometimes.

Xiǎo Lǐ Wǒ zhè huí shì shēn yǒu gǎn chù le lǐng jiào guo bìng dú de lì hài le
小李：我这回是深有感触了，领教过病毒的厉害了。

Xiao Li: I have a deep impression of it this time, and have experienced how serious the computer virus can be.

Xiǎo Zhāng Zhè cì wǒ gěi nǐ zhuāng shang shā dú ruǎn jiàn zài shè ge fáng huǒ qiáng zhè yàng dāng nǐ xià zài huò shōu yóu jiàn shí jiù néng lán jié bìng dú wén jiàn
小张：这次我给你装上杀毒软件，再设个防火墙，这样当你下载或收邮件时，就能拦截病毒文件。

Xiao Zhang: I'll install an anti-virus software for you this time, and set up a firewall, so that it can block virus files when you download or receive mails.

Xiǎo Lǐ Dàn yuàn rú cǐ
小李：但愿如此。

Xiao Li: I hope so.

词　汇 Vocabulary

对话 1

重启　chóngqǐ/reboot

电脑瘫痪　diànnǎo tānhuàn/computer crashed (broken down)

电脑中毒　diànnǎo zhòngdú/computer is struck by virus

电脑病毒　diànnǎo bìngdú/computer virus

流行　liúxíng/spread, circulate

附件　fùjiàn　/attached file

病毒发作　bìngdú fāzuò /virus outbreak

攻击　gōngjī/attack

计算机　jìsuànjī /computer

网络系统　wǎngluò xìtǒng/network system

造成　zào chéng/cause

文件　wénjiàn/file, document

数据　shùjù/data

对话 2

杀毒软件　shādú ruǎnjiàn/anti-virus software

最新版　zuì xīn bǎn/the latest edition

机器　jīqì/machine

破坏　pòhuài/destory

尝试　chángshì/try

修复　xiūfù/recover, restore

白写了　bái xiě le/write for nothing (in vain)

真郁闷　zhēn yùmèn/so frustrating

对话 3

重装系统 chóng zhuāng xìtǒng/reinstall system

真糟糕 zhēn zāogāo/so terrible, so bad

理解 lǐjiě/understand

心情 xīnqíng/mood

死机 sǐjī/crash

利弊 lìbì/advantages and disadvantages

出故障 chū gùzhàng/have a screw loose, go wrong

创作人员 chuàngzuò rényuán/producer, creative personnel

深有感触 shēn yǒu gǎnchù/have a deep feeling (impression)

领教 lǐngjiào/experience, encounter

设 shè/set up; build

防火墙 fánghuǒqiáng/firewall

拦截 lánjié/block, head off, hold up

相关用语 Relevant Expressions

bìng dú bào fā
◉ 病毒爆发
virus explodes(outbreaks)

xì tǒng wú fǎ yùn xíng
◉ 系统无法运行
system is unable to run

xì tǒng jìn bù qù
◉ 系统进不去

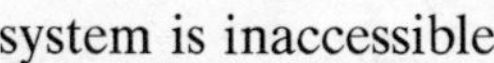

system is inaccessible

diàn nǎo hēi kè
◉ 电脑黑客
hacker

diàn nǎo gāo shǒu
◉ 电脑高手
computer master (proficient)

zhì zào bìng dú
◉ 制造病毒
make (invent) virus

chóng xīn gé shì huà
◉ 重新格式化
reformat

fǎn bìng dú ruǎn jiàn
◉ 反病毒软件
anti-virus software

bìng dú sōu suǒ chéng xù
◉ 病毒搜索程序
virus-checking program

语言文化小贴士
Language Tips

1. "白写"中的"白"不是表示颜色，而是表示"没有效果"。类似的说法有：白说、白费劲、白干。

The word"bái"in the phrase"bái xiě"doesn't refer to the color, white, but means "in vain; for nothing". Similar phrases include"bai shuo"(speak in vain),"bái fèijìn"(waste one's efforts),"bái gàn"(work in vain),

and so on.

2.“领教”在汉语里有两个意思，一个是指“接受人的教益或欣赏人的表演时说的客气话”，另一个是指“请教”。在这里用是表示说话者切身体会到了病毒的危害性之大，含有“体会到”的意思。

“Lǐngjiào” has two meanings in Chinese：one is used as a polite way of expressing one's appreciation or thanks for advice，instructions or performance；another is to “ask for advice；or to consult”. In this context，it is used to indicate that the speaker has experienced for himself，how serious the harm of a computer virus can be，so it contains the implication of “realizing or experiencing”.

练　习
Exercises

1. 说出几个与电脑相关的词组。Name some computer related phrases.

1）小李开机后，发现电脑______进不去了。

2）我的电脑______了。

3）我怀疑，你的电脑______了。

4）现在流行很多电脑______。

2. 用下列所给的词语填空。Fill in the blanks with the words /phrases given below.

一旦　尤其　就　还不如　白写　领教　死机

1）电脑______出故障，所有的东西______会一下全没了。

2）______是对创作人员来说，有时______用笔写下来呢。

3）如果是总______，就要重装系统。

4）我这回是深有感触了，______过病毒的厉害了。

5）那我写的新稿子就______了，又得重新写。

答案 Answer：

1.

1）系统

2）瘫痪

3）中毒

4）病毒

2.

1）一旦；就

2)尤其;还不如
3)死机
4)领教
5)白写

附录 Appendixes

附录一
Appendix Ⅰ

中国大陆网站信息
Information on websites in China

1. 门户网站 /Gateway websites

新浪/（www.sina.com.cn）
搜狐/（www.sohu.com.cn）
网易/（www.163.com）
雅虎中文 /（www.yahoo.com.cn）
汤姆在线 /（www.tom.com）

这五家网站是中国大陆比较知名的门户网站，其内容提供主要面向中国大陆的网民。

These five websites are well-known gateway websites in China. Their contents and services are mainly targeted at netizens in China.

QQ（ww.qq.com）本来是做本土化在线聊天软件的，逐渐发展为做网上社区和门户网站。

QQ originally engages in the localization of online chatting software, and has now gradually developed into a website of network community and gateway website.

2. 搜索引擎/ Searching engines

百度（www.baidu.com）是中国本土的搜索引擎网站，以其强大的网络搜索功能和 mp3 搜索功能让中国的网民喜欢。

Baidu is a search engine website in China. Its strong net searching functions and MP3 searching functions are well loved by Chinese netizens.

国外知名的搜索引擎Google(www.google.com)在国内也被广泛使用。

Google, the well-known foreign search engine, is very popular and widely used in China.

3. 旅游网站/Travel websites

易龙(www.elong.com)、"携程"(www.ctrip.com)是中国比较知名的旅游服务类网站,提供旅游信息,酒店搜索预定以及火车票、飞机票网上订购等服务。

"Ëlong"(www.elong.com) and "Xiecheng"(www.ctrip.com) are the more reputable travel websites in China, providing travel information, hotel search and reservation, as well as online train and air tickets reservation, etc.

4. 招聘网站/Job websites

51job(www.51job.com)

招聘网(www.zhaopin.com)

中华英才网/(www.chinahr.com)

这三家是比较早,也是比较知名的专业做人力资源的网站,提供人才招聘,猎头等相关服务。随着互联网的逐渐普及,网络招聘成为年轻人乐于使用的应聘方式。

These three job websites are the earlier websites in China, well-known for specializing in human resources, providing employment services of talented personnel, headhunting, and so on.

5. 电子商务网站 /E-business websites

淘宝 (www.taobao.com)

易趣网 (www.ebay.com.cn)

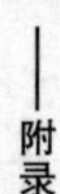

这两家专门从事 C-C 的电子商务网站，供网民在其网站上开设网络商店。

These two websites mainly engage in C-C business, providing services for netizens to open online stores on their websites.

阿里巴巴（www. alibaba. com）是一家专门从事 B-B 的电子商务网站。

Alibaba website engages in mainly B-B business.

6. 博客网站/Blog websites

博客中国（www. bokee. com）是中国大陆比较有名的博客网站之一，和新浪搜狐等门户网站不同的事它不是门户网站，而是单一提供博客服务的网站。另外，像新浪、搜狐、网易也提供博客服务。

Blog China（http://www. bokee. com/）is one of the more popular blog websites in mainland China. The difference between this website and other gateway websites, such as Sina and Sohu, etc. is that it is not a gateway website, but a website that only provides blog services. Sina, Sohu, Netsease and so on, are also providing blog services now.

7. 房地产网站/ Real estate websites

搜房网 /（www. soufun. com）

焦点网 /（www. focus. cn）

它们是专门提供房地产信息、论坛、社区服务的网站。

They are websites which provide real estate information, forum and community services.

附录二

Appendix Ⅱ

IT实用词汇

Practical Vocabulary in the IT Industry

安装　ānzhuāng /install

按小时包月　àn xiǎoshí bāoyuè /monthly payment according to the hours spent

版本　bǎnběn /edition

办手续　bàn shǒuxù /go through the procedures?

包年　bāo nián /yearly (annual) payment

保存　bǎocún /save

备选的　bèixuǎn de/shortlisted; on the waiting list

奔腾4　bēnténg4 /Pentium 4

笔记本　bǐjìběn /notebook; laptop

病毒爆发　bìngdú bàofā /virus explodes (outbreaks)

病毒发作　bìngdú fāzuò/virus outbreak

病毒搜索程序　bìngdú sōusuǒ chéngxù /virus-checking program

病毒邮件　bìngdú yóujiàn /virus infected emails

拨号　bō hào /dial-up

不计时　bú jìshí/unlimited time

不限时　bú xiànshí unlimited time

操作系统　cāozuò xìtǒng /operation system

查　chá /check, examine

查　chá/check, search for

查毒　chá dú /check for viruses; virus check

查看　chákàn /check

查找资料　cházhǎo zīliào /look for information

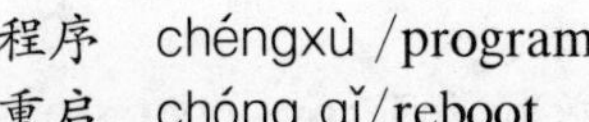

程序　chéngxù /program

重启　chóng qǐ/reboot

重新格式化　chóngxīn géshìhuà/reformat

重装系统　chóngzhuāng xìtǒng/reinstall system

出票　chū piào ticket be issued

处理商品 chǔlǐ shāngpǐn /sell goods at reduced prices; clear out

窗口　chuāngkǒuwindow

攒　cuán /assemble

错误　cuòwù/mistake

打国际长途　dǎ guójì chángtú/make an international （long-distance） call

淡季　dànjì /slack season; off season

当当网　Dāngdāngwǎng/Dangdang website

到货　dào huò/goods arrive

盗版的　dàobǎn de/pirated

登陆　dēnglù /get on; visit

等信儿　děngxìnr/answer

地址　dìzhǐ /address

点击　diǎnjī/click

点击率高　diǎnjīlǜ gāo /high clicking rate

电脑　diànnǎo /computer

电脑病毒　diànnǎo bìngdú /computer virus

电脑店　diànnǎodiàn/computer shop

电脑高手　diànnǎo gāoshǒu/computer master（proficient）

电脑黑客　diànnǎo hēikè /hacker

电脑瘫痪　diànnǎo tānhuàn/computer crashed（broken down）

电脑中毒　diànnǎo zhòngdú /computer is struck by vi-

rus

电信营业厅　diànxìn yíngyètīng/telecom operations office

电子邮件　diànzǐ yóujiàn /email, mail

断货　duàn huò /out of stock

耳机　ěrjī /earphones

24小时开通　24xiǎoshí kāitōng /be connected within 24 hours

二手　èrshǒu /second-hand

二手货　èrshǒuhuò /second-hand goods

发货　fāhuò /send out goods

翻译软件　fānyì ruǎnjiàn /translation software

反病毒软件　fǎnbìngdú ruǎnjiàn /anti-virus software

防火墙　fánghuǒqiáng /firewall

访问量大　fǎngwènliàng dà /large capacity of visitors

服务　fúwù/service

服务器　fúwùqì/server

附件　fùjiàn/attached file

赶时髦　gǎn shímáo /follow the fashion (trend)

个人电脑　gèrén diànnǎo/personal computer (PC)

个人店铺　gèrén diànpù /private store

个人数字助理　gèrén shùzì zhùlǐ/Personal Digital Assistant (PDA)

个人主页　gèrén zhǔyè/personal homepage

工具　gōngjù /tool

公用盘　gōngyòngpán/local drive

功能　gōngnéng/function

攻击　gōngjī/attack

购物车　gòuwùchē/shopping cart

关上　guānshàng/shut up

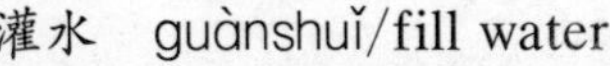

灌水　guànshuǐ/fill water

光盘　guāngpán/CD

过期　guòqī /expire;out of date

黄色广告　huángsè guǎnggào /pornographic ads; salacious ads

黄色网站　huángsè wǎngzhàn /pornographic（salacious）website

回车　huíchē /return

回复　huífù/reply

会员　huìyuán /member

货到付款　huò dào fùkuǎn/Cash on delivery（COD）

机器　jīqì/machine

计算机　jìsuànjī /computer

继续购物　jìxù gòuwù/continue to shop

键盘　jiànpán/keyboard

缴费　jiǎofèi /pay

界面　jièmiàn /interface

酒店搜索　jiǔdiàn sōusuǒ /search for a hotel; hotel search

酒店预订　jiǔdiàn yùdìng/book hotel; hotel reservation

旧货　jiùhuò /old goods

开店　kāidiàn /open a shop

开机　kāijī/boot up

客服　kèfú /customer service

宽带　kuāndài /Broadband

款　kuǎn /model; type

垃圾邮件　lājī yóujiàn /junk mail

拦截　lánjié /block; head off; hold up

聊天　liáotiān /chat

聊天室 liáotiānshì /chat room
猎头公司 liètóu gōngsī /head hunting company
浏览 liúlǎn /browse
流行 liúxíng /spread, circulate
录取 lùqǔ /recruit, employ
旅游套餐 lǚyóu tàocān /travel package service
旅游网站 lǚyóu wǎngzhàn /travel website
论坛 lùntán /forum
落选 luòxuǎn /not chosen
门户网站 ménhù wǎngzhàn /gateway website
密码 mìmǎ /password, code
免费的 miǎnfèi de /free
默认 mòrèn /tacitly approve(agree)
内存 nèicún /memory
盘 pán /disk, drive
配置 pèizhì /configure; configurations
漂移 piāoyí /floating, moving
屏蔽 píngbì /shield off
嵌在 qiàn zài /embed into
敲 qiāo /type
求职信 qiúzhíxìn /job application letter
取票 qǔ piào /collect the ticket
去收银台 qù shōuyíntái /go to the cashier
全拼 quánpīn/spell out all the letters
缺货 quē huò/out of stock
软件 ruǎnjiàn /software
杀毒 shādú /disinfect virus; anti-virus
杀毒软件 shādú ruǎnjiàn /anti-virus software
删除 shānchú /delete; wipe out
删除可疑文件 shānchú kěyí wénjiàn /delete (wipe

out) suspicious files

上 ADSL shàngADSL/connect ADSL.

上传 shàngchuán/submit

上网 shàngwǎng /surf the Internet；get/go on the Internet

上网卡 shàngwǎngkǎ /Internet card

上瘾 shàngyǐn /be addicted (to sth.)；be obsessed with sth.

设 shè /set up；build

设计网页 shèjì wǎngyè /design web page

申请 shēnqǐng /apply

申请单 shēnqǐngdān /application form

申请宽带 shēnqǐng kuāndài /apply for Broadband

声音 shēngyīn /sound

试用版 shìyòngbǎn /trial edition

试用期限 shìyòng qīxiàn /trial period

收费 shōufèi /charge

收邮件 shōu yóujiàn /receive emails

首页 shǒuyè /first page, home page

输入 shūrù /input

鼠标 shǔbiāo /mouse

数据 shùjù /data

双击 shuāngjī /double click

顺手 shùnshǒu /handy

死机 sǐjī/crash

送货 sòng huò /deliver goods

送票 sòng piào /deliver tickets

搜歌 sōu gē /search for songs

搜狐 Sōuhú /Sohu website

搜索 sōusuǒ /search

搜索引擎　sōusuǒ yǐnqíng /search engine

搜一下　sōu yí xià /search

速度　sùdù /speed

台式机　táishìjī /desktop(computer)

弹出　tánchū /pump out, spring out

淘宝网　táobǎowǎng　/Taobao wetsite

淘汰　táotài /obsolete

提示　tíshì /hint, clue

填表　tiánbiǎo/fill in the form

帖子　tiězi /paste, message, card

投诉　tóusù/complain

U盘　U pán /USB (thumb) drive

挖墙角　wā qiángjiǎo /cut the ground from under sb's feet; undermine the foundation

挖人　wā rén/grab talented personnel

玩儿游戏　wánr yóuxì /play games

网吧　wǎngbā /net bar; internet cafe

网络法　wǎngluòfǎ/network law

网络管理员　wǎngluò guǎnlǐyuán /web master

网络快车　wǎngluò kuàichē/network express

网络社区　wǎngluò shèqū /network community

网络系统　wǎngluò xìtǒng/network system

网络游戏　wǎngluò yóuxì /network game

网民　wǎngmín/Internet user; netizen

网上　wǎng shang/on the Internet

网上订票　wǎng shang dìng piào /to book online/to book tickets from the net

网页　wǎngyè/web page

网站　wǎngzhàn /website

网站查询　wǎngzhàn cháxún /inquire about website;

website inquiry

网址 wǎngzhǐ/website address

忘了贴附件 wàngle tiē fùjiàn /forget to attach file

旺季 wàngjì/busy season; rush season

位置 wèizhì/place, position

文件 wénjiàn/file, document

稳定 wěndìng/stable

系统(操作系统) xìtǒng(cāozuò xìtǒng)/operating system (OS)

系统 xìtǒng/system

系统进不去 xìtǒng jìn bú qù/system is inaccessible

系统无法运行 xìtǒng wú fǎ yùnxíng/system is unable to run

下一步 xià yí bù/next step

下载 xiàzài/download

下载工具 xiàzài gōngjù/downloading tool

显示器 xiǎnshìqì/monitor

卸了 xiè le/unload

卸载 xièzài /unload

新货 xīn huò/new goods

新浪 Xīnlàng/Sina

信用卡 xìnyòngkǎ/visa card

修复 xiūfù/recover, restore

选择 xuǎnzé/choice, choose

液晶显示器 yèjīng xiǎnshìqì/LCD(Liquid Crystal Display)

应聘职位 yìngpìn zhíwèi /applying for a position

应用程序 yìngyòng chéngxù /application program

应用软件 yìngyòng ruǎnjiàn/application software

硬件 yìngjiàn/hardware

硬盘　yìngpán/hard disk
用户名　yònghùmíng/user name
优惠期限　yōuhuì qīxiàn /discount period
优惠券　yōuhuìquàn/discount coupon
优秀人才　yōuxiù réncái/talented personnel
邮件　yóujiàn/mail
邮件被退回　yóujiàn bèi tuìhuí/email did not go through
邮件打不开　yóujiàn dǎ bù kāi/unable to access email
邮件发不出去　yóujiàn fā bù chūqù /fail to send email
游戏　yóuxì /game
游戏机　yóuxìjī /game machine
预订信息　yùdìng xìnxī/reservation (information)
运行　yùnxíng/run
再发一次　zài fā yí cì/send it again
在线聊天　zàixiàn liáotiān /online chatting
在线商城　zàixiàn shāngchéng/online shopping
在线视频　zàixiàn shìpín /online webcam
在线支付功能　zàixiàn zhīfù gōngnéng/online payment function
在线咨询　zàixiàn zīxún /online consulting
掌上型电脑　zhǎngshangxíng diànnǎo /Palmtop(computer); Pocket PC
招聘网站　zhāopìn wǎngzhàn /job searching(employment)website
招聘职位　zhāopìn zhíwèi /hire for a position
招人　zhāo rén /hire sb.; recruit sb.; employ sb.
找枪手　zhǎo qiāngshǒu /look for a ghostwriter
折扣　zhékòu /discount
正版的　zhèngbǎn de /legal(original), genuine

website inquiry

网址　wǎngzhǐ/website address

忘了贴附件　wàngle tiē fùjiàn /forget to attach file

旺季　wàngjì/busy season；rush season

位置　wèizhì/place，position

文件　wénjiàn/file，document

稳定　wěndìng/stable

系统（操作系统）　xìtǒng（cāozuò xìtǒng）/operating system (OS)

系统　xìtǒng/system

系统进不去　xìtǒng jìn bú qù/system is inaccessible

系统无法运行　xìtǒng wú fǎ yùnxíng/system is unable to run

下一步　xià yí bù/next step

下载　xiàzài/download

下载工具　xiàzài gōngjù/downloading tool

显示器　xiǎnshìqì/monitor

卸了　xiè le/unload

卸载　xièzài /unload

新货　xīn huò/new goods

新浪　Xīnlàng/Sina

信用卡　xìnyòngkǎ/visa card

修复　xiūfù/recover，restore

选择　xuǎnzé/choice，choose

液晶显示器　yèjīng xiǎnshìqì/LCD（Liquid Crystal Display）

应聘职位　yìngpìn zhíwèi /applying for a position

应用程序　yìngyòng chéngxù /application program

应用软件　yìngyòng ruǎnjiàn/application software

硬件　yìngjiàn/hardware

硬盘　yìngpán/hard disk

用户名　yònghùmíng/user name

优惠期限　yōuhuì qīxiàn /discount period

优惠券　yōuhuìquàn/discount coupon

优秀人才　yōuxiù réncái/talented personnel

邮件　yóujiàn/mail

邮件被退回　yóujiàn bèi tuìhuí/email did not go through

邮件打不开　yóujiàn dǎ bù kāi/unable to access email

邮件发不出去　yóujiàn fā bù chūqù /fail to send email

游戏　yóuxì /game

游戏机　yóuxìjī /game machine

预订信息　yùdìng xìnxī/reservation (information)

运行　yùnxíng/run

再发一次　zài fā yí cì/send it again

在线聊天　zàixiàn liáotiān /online chatting

在线商城　zàixiàn shāngchéng/online shopping

在线视频　zàixiàn shìpín /online webcam

在线支付功能　zàixiàn zhīfù gōngnéng/online payment function

在线咨询　zàixiàn zīxún /online consulting

掌上型电脑　zhǎngshangxíng diànnǎo /Palmtop(computer);Pocket PC

招聘网站　zhāopìn wǎngzhàn /job searching(employment)website

招聘职位　zhāopìn zhíwèi /hire for a position

招人　zhāo rén /hire sb.; recruit sb.; employ sb.

找枪手　zhǎo qiāngshǒu /look for a ghostwriter

折扣　zhékòu /discount

正版的　zhèngbǎn de /legal(original), genuine

执行　zhíxíng /run
职位　zhíwèi /positions
职位空缺　zhíwèi kòngquē/job vacancy
职位满了　zhíwèi mǎn le /no vacancy
制造病毒　zhìzào bìngdú/make(invent)virus
中央处理器　zhōngyāng chǔlǐqì/CPU
主机　zhǔjī/host computer；main frame
注册　zhùcè/register
转发　zhuǎnfā/forward
装(安装)　zhuāng (ānzhuāng)/install
装系统　zhuāngxìtǒng/install a system
卓越网　Zhuōyuèwǎng/Joyo website
资料　zīliào/information，materials
自由行　zìyóuxíng/travel by oneself；free and easy
组装机　zǔzhuāngjī/assembled computer
最新　zuì xīn/the latest
最新版　zuì xīn bǎn/the latest edition
做博客　zuò bókè/make a blog

责任编辑：贾寅淮　任　蕾
英文编辑：韩　晖　韩芙芸　翟淑蓉
封面设计：唐少文
插　　图：宋　琪
印刷监制：佟汉冬

图书在版编目(CIP)数据

IT 口语/李淑娟主编.—北京：华语教学出版社，2006
(脱口说汉语)
ISBN 7-80200-225-7

Ⅰ. Ⅰ...　Ⅱ. 李...　Ⅲ. 汉语－口语－对外汉语教学－教材　Ⅳ. H195.4

中国版本图书馆 CIP 数据核字(2006)第 112609 号

脱口说汉语
IT 口语
主编　李淑娟
英文改稿　ANDY TAN
*

华语教学出版社出版
(中国北京百万庄路 24 号)
邮政编码 100037
电话：(86)10-68995871
传真：(86)10-68326333
电子信箱：fxb@sinolingua.com.cn
北京外文印刷厂印刷
中国国际图书贸易总公司海外发行
(中国北京车公庄西路 35 号)
北京邮政信箱第 399 号　邮政编码 100044
新华书店国内发行
2006 年(32 开)第一版
(汉英)
ISBN 7-80200-225-7(外)
9-CE-3767P
定价：32.00 元